Nachbarschaftsrecht

Kathrin Gerber
Andrea Nasemann

Nachbarschaftsrecht

Kathrin Gerber
Andrea Nasemann

1. Auflage

Haufe Gruppe
Freiburg · München

Bibliografische Information der Deutschen Nationalbibliothek
Die Deutsche Nationalbibliothek verzeichnet diese Publikation in der Deutschen Nationalbibliografie; detaillierte bibliografische Daten sind im Internet über http://dnb.dnb.de abrufbar.

Print ISBN: 978-3-648-06609-6 Bestell-Nr. 06773-0001
EPUB ISBN: 978-3-648-06610-2 Bestell-Nr. 06773-0100
EPDF ISBN: 978-3-648-06611-9 Bestell-Nr. 06773-0150

Kathrin Gerber/Andrea Nasemann
Nachbarschaftsrecht
1. Auflage

www.haufe.de
info@haufe.de
Produktmanagement: Jasmin Jallad

Lektorat: Text und Design Jutta Cram, 86157 Augsburg
Satz: Reemers Publishing Services GmbH, 47799 Krefeld
Umschlag: RED GmbH, 82152 Krailling
Druck: BELTZ Bad Langensalza GmbH, 99947 Bad Langensalza

Inhaltsverzeichnis

Vorwort

Jedes Jahr landen rund 10 000 Streitfälle unter Nachbarn vor Gericht. Die strittigen Themen sind vielfältiger Natur: bellende Hunde, kreischende Kinder, das Grillfest mit Freunden, das Wirtshaus gegenüber mit lärmenden Gästen, die Ballettschule, der Neubau auf dem Nachbargrundstück, überhängende Zweige, übermäßiger Laubfall etc. In jedem Fall gibt es Menschen, die sich in ihrer Lebensführung und in ihrer Lebensqualität beeinträchtigt fühlen, ja manchmal sogar in ihrer Gesundheit bedroht. Da liegen die Nerven schnell blank, Anwälte und Richter bekommen Arbeit. Fatal daran ist aber nicht nur die Tatsache, dass ein Streit vor Gericht Zeit und Geld kostet. Vielmehr gehen die streitigen Parteien nicht im Frieden auseinander, obwohl sie es als Nachbarn womöglich noch jahrelang miteinander aushalten müssen. Ein Schlichtungsverfahren kann hier die bessere Alternative sein, den Streit beizulegen.

Doch nicht nur zum Schlichtungsverfahren erfahren Sie in diesem Ratgeber alles Wissenswerte. Es werden auch so grundsätzliche Fragen beantwortet wie die, wer oder was eigentlich ein Nachbar ist und was nachbarrechtlich gilt. Sich auf diesem Rechtsgebiet auszukennen ist nicht einfach, gibt es doch nicht nur zahlreiche landesrechtliche Nachbarschaftsgesetze, sondern auch viele unterschiedliche Rechtsquellen. Zudem haben Tausende von Fällen die Gerichte beschäftigt und dienen als Präzedenzfälle, an denen sich wieder andere Gerichte orientieren. Im Einzelfall gilt es also herauszufinden, ob es ähnliche Fälle wie den eigenen schon einmal gegeben hat und wie diese entschieden wurden. Letztlich jedoch muss jeder Einzelfall gesondert betrachtet werden. Patentrezepte gibt es nicht.

Dieser Ratgeber stellt Gerichtsentscheidungen vor und gibt Praxis-Tipps, wie sich nachbarschaftliche Problemfälle am besten lösen lassen. Auch Musterbriefe, Abmahnschreiben und Kündigungsmuster sollen dem Leser Orientierung geben. Dabei geht es um das Nachbarrecht unter Mietern, zwischen Vermieter und Mieter, zwischen den Grundstücksnachbarn sowie zwischen Hauseigentümern und öffentlichen Anlagen und Betrieben. Ein Schwerpunkt wird auf die Wohnungseigentümergemeinschaft gelegt und wie sich Streitigkeiten zwischen Wohnungseigentümern schlichten lassen. Schließlich wird noch auf das Thema Soziale Nachbarschaften eingegangen, ein Konzept, das sich in Deutschland zunehmender Beliebtheit erfreut.

Viel Erfolg wünschen Ihnen

Kathrin Gerber und Andrea Nasemann

1 Alle wichtigen Fragen und Antworten

1.1 Wer haftet bei Sturmschäden?

Richten vom Sturm entwurzelte oder geknickte Bäume Schäden auf dem Nachbargrundstück an, haftet der Eigentümer nur unter der ganz bestimmten Voraussetzung, dass er diese nachweislich verschuldet hat. Dies setzt voraus, dass es für ihn hätte erkennbar sein müssen, dass der Baum den nächsten Sturm nicht überstehen wird. Die Gerichte verlangen in diesem Fall, dass der Eigentümer seiner Verkehrssicherungspflicht nachkommt, indem er seinen Baumbestand regelmäßig auf Krankheiten und Schäden überprüft. Näheres lesen Sie im Kapitel „Sturmschäden“.

1.2 Was ist bei Zäunen und Hecken zu beachten?

Grundsätzlich kann niemand von Ihnen verlangen, dass Sie Ihr Grundstück einfrieden. Es ist allein Ihre Sache, wie Sie mit diesem verfahren. Ein Zaun darf ohne Abstand zum Nachbargrundstück direkt an der Grenze, aber noch auf eigenem Grund, stehen. Nach den Bauordnungen der Länder ist ein Grenzabstand nur bei der Errichtung eines Gebäudes einzuhalten. Etwas anderes gilt jedoch, wenn eine Hecke zum Nachbarn gepflanzt werden soll. im Kapitel „Pflanzenpracht in Nachbars Garten“.

1.2.1 Haben Nachbarn ein grundsätzliches Geh- und Fahrtrecht auf meinem Grundstück?

Ob dies der Fall ist, richtet sich danach, ob für den hinterliegenden Nachbarn ein Geh- und Fahrtrecht als Grunddienstbarkeit im Grundbuch eingetragen wurde. Dann darf dieser Nachbar das andere Grundstück nicht nur befahren, sondern auch begehen, um zu seinem Grundstück zu gelangen. Ein Geh- und Fahrtrecht berechtigt allerdings nicht dazu, auf der in Anspruch genommenen Strecke ein Fahrzeug abzustellen, sei es zum Parken, Be- und Entladen, Reparieren oder Waschen. Ebenso wenig dürfen Gegenstände dort abgestellt werden. Mehr dazu lesen Sie im Kapitel „Geh- und Fahrtrecht“.

1.2.2 Wie verhalte ich mich, wenn der Nachbar bauen möchte?

Viele Nachbarn fühlen sich unter Druck gesetzt, wenn der Nachbar seine Baupläne zum Unterschreiben vorlegt. Sie wollen das gutnachbarliche Verhältnis nicht belasten und unterschreiben deshalb blind. Häufig sind sie sich dabei nicht darüber im Klaren, dass sie sich später nicht mehr wehren können, wenn der bauende Nachbar die Abstandsflächen nicht eingehalten hat oder sich der Bau nicht in die vorhandene Bebauung einfügt und sie stört. Wie Sie taktisch klüger vorgehen und welche Auswirkungen es hat, wenn Sie nicht unterschreiben, erfahren Sie im Kapitel „Das Baunachbarrecht".

1.2.3 Was tun bei Lärm und Hellhörigkeit?

Ab wann sind Geräusche Lärm? Ab wann werden sie zu einer Beeinträchtigung, die man als Mieter eines Altbaus nicht mehr hinnehmen muss? Diese Frage kann nicht pauschal beantwortet werden. Grundsätzlich kommt es darauf an, wie stark der Lärm ist. Auch auf die subjektive Empfindung und Empfindlichkeit des Nachbarn kommt es an sowie darauf, ob der Altbau genügend Schallschutz bietet oder nicht. Das wiederum hängt davon ab, ob zumindest die Schallschutzwerte bei der Errichtung eingehalten wurden, die zum Zeitpunkt der Errichtung des Gebäudes vorgeschrieben waren. Alle Antworten zum Thema Lärm finden Sie im Kapitel „Das (störende) Leben der anderen".

1.2.4 Wie oft darf man im Monat feiern?

Grundsätzlich gibt es kein verbrieftes Recht des Nachbarn, einmal im Monat lautstark zu feiern. Es muss aber immer auf die Nachtruhe der Nachbarn Rücksicht genommen werden. Wann Nachbarn feiern dürfen und was erlaubt und verboten ist, erfahren Sie im Kapitel „Partys".

1.2.5 Darf auf dem Balkon gegrillt werden?

Die meisten Gerichte halten das Grillen auf dem Balkon für unzulässig. Wohnungseigentümer können es wegen der starken Geruchs- und Rauchentwicklung verbieten, zum Beispiel im Rahmen der Hausordnung. Ist das Grillen auf dem Balkon erlaubt, muss man, egal ob im Mietshaus oder in der Eigentumswohnanlage, beim Feiern und Grillen auf die Nachbarn Rücksicht nehmen. So dürfen Sie etwa einmal pro Monat in einem Mehrfamilienhaus auf dem Balkon grillen, wenn die anderen Mieter 48 Stunden vorher darüber informiert wurden. Alles über das Grillen erfahren Sie im Kapitel „Grillen“.

1.2.6 Darf man Haustiere halten?

Das kommt ganz darauf an, wie die Juristen sagen. Grundsätzlich dürfen Haustiere gehalten werden, wenn dazu im Mietvertrag kein Passus enthalten ist. Bei ungewöhnlichen oder exotischen Tieren kann der Spaß aber aufhören: Sie müssen nicht gestattet werden. Ein generelles Verbot der Haltung von Haustieren ist dagegen nicht wirksam: Kleintiere, die weder Geräusche noch Gerüche produzieren, muss der Vermieter immer erlauben. Mehr darüber im Kapitel „Tiere“.

1.2.7 Wie weit gehen Sondernutzungsrechte?

Auch wenn einem Wohnungseigentümer eines Hauses, in dem mehrere Eigentümer vorhanden sind, ein Sondernutzungsrecht eingeräumt wurde, bedeutet dies noch lange nicht, dass er auch zu baulichen Veränderungen berechtigt ist. Dafür ist immer ein Beschluss aller Wohnungseigentümer erforderlich, auch dann, wenn die baulichen Veränderungen nur die Sondernutzungsflächen betreffen. Eigenmächtige bauliche Veränderungen ohne diesen erforderlichen Beschluss führen daher zu Rückbauansprüchen der Wohnungseigentümergemeinschaft. Darunter fällt zum Beispiel das eigenmächtige Fällen eines Baumes, aber auch die Einzäunung einer zur Sondernutzung überlassenen Gartenfläche. Alles Weitere finden Sie im Kapitel „Sondernutzungsrechte“.

1.2.8 Rechtsstreit oder Schlichtung – was ist besser?

Eine Streitschlichtung ist immer besser, da kosten-, zeit- und nervenschonender. In manchen Bundesländern ist sie sogar obligatorisch vor Anrufung des Gerichts vorgeschrieben. Alternative Streitlösungen bieten den Vorteil, dass es keine Gewinner und Verlierer gibt, sich also niemand bevorzugt oder zurückgesetzt fühlen kann. Bei einer Schlichtung besteht die Chance einer endgültigen Lösung, gerade weil beide Seiten an der Lösung mitarbeiten und ihnen diese nicht vom Richter aufgezwungen wird. Außerdem ist eine Einigung im Schiedsverfahren 30 Jahre gültig und wie ein Gerichtsurteil vollstreckbar. Alles andere zum Thema Schlichtungsverfahren finden Sie im Kapitel „Das Schlichtungsverfahren“.

2 Wo Ihre Rechte geschrieben stehen

Es gibt viele Gründe, sich über seine Rechte als Nachbar zu informieren. Allerdings sind die Fragen zum Nachbarrecht nicht in einem einzigen Gesetzbuch zusammengefasst, denn das Nachbarrecht ist vielseitig, was allein schon die Frage nach der Definition des Nachbarn deutlich macht. So kann ein Nachbar nämlich nicht nur der Eigentümer des angrenzenden Grundstücks sein, sondern zum Beispiel auch ein Bewohner in einem Mietshaus oder ein Wohnungseigentümer in einer Wohnungseigentumsanlage oder ein Gewerbebetrieb.

2.1 Privates Nachbarrecht

Seit Einführung des Bürgerlichen Gesetzbuchs im Jahr 1900 gilt das Nachbarrecht hauptsächlich als privates Recht. Einschlägige Vorschriften finden sich im Bürgerlichen Gesetzbuch vor allem in den §§ 903 bis 924 und in § 1004 BGB. Viele Regelungsbereiche wurden dem Landesgesetzgeber überlassen. Dieser hat auch in fast allen Bundesländern, außer in Bremen, Hamburg und Mecklenburg-Vorpommern, von seiner Regelungsbefugnis Gebrauch gemacht und ergänzende Nachbarrechtsgesetze erlassen, wobei in Bayern die Besonderheit gilt, das dort das Nachbarrecht in Art 43 bis 54 des Gesetzes zur Ausführung des Bürgerlichen Gesetzbuches geregelt ist. Zum privaten Nachbarrecht zählt zum Beispiel der Fall des Nachbarn, der sich durch den Lärm der lautstarken Grillparty nebenan gestört fühlt.

2.2 Richterrecht

Weder im Bürgerlichen Gesetzbuch noch in den Nachbarrechtsgesetzen der Bundesländer sind allerdings sämtliche in der Praxis auftauchenden nachbarrechtlichen Fragen abschließend geregelt. So entscheiden die Gerichte im Einzelfall nachbarrechtliche Rechtsstreitigkeiten. Dieses Verfahren wird Rechtsfortbildung genannt, weil so durch Richter und Gerichte Lücken in der Gesetzgebung geschlossen werden. Deshalb spricht man hierbei auch vom Richterrecht.

2.3 Der Grundsatz von „Treu und Glauben"

Um Konflikte zu lösen, die gesetzlich nicht geregelt sind, haben die Gerichte im Rahmen der Rechtsfortbildung das „nachbarliche Gemeinschaftsverhältnis" entwickelt. Das beruht auf dem Grundsatz von Treu und Glauben und meint, dass Nachbarn auch dann aufeinander Rücksicht nehmen müssen, wenn dies nicht ausdrücklich gesetzlich vorgeschrieben ist.

BEISPIEL: Nachbarliches Gemeinschaftsverhältnis

Das nachbarliche Gemeinschaftsverhältnis kann zum Beispiel für das Hammerschlags- und Leiterrecht gelten. Dieses erlaubt einem Eigentümer, das Nachbargrundstück zu betreten, um Reparaturarbeiten am eigenen Haus durchzuführen. Das Hammerschlags- und Leiterrecht ist in den Nachbarrechtsgesetzen der meisten Bundesländer ausdrücklich geregelt. Wo gesetzliche Regelungen fehlen wie in Bremen und Mecklenburg-Vorpommern, ergibt es sich aus dem nachbarlichen Gemeinschaftsverhältnis. Danach darf ein Nachbar auf dem benachbarten Grundstück ein Baugerüst aufstellen, um das eigene Gebäude auszubessern, zu verputzen oder zu streichen, wenn er andernfalls die Arbeiten nicht oder nur mit unverhältnismäßig hohem Aufwand durchführen könnte (OLG Hamm, 2.12.1965, 5 U 132/65, NJW 1966, 599).
Das nachbarliche Gemeinschaftsverhältnis wird zum Beispiel auch zur Klärung der Frage herangezogen, ob fremde Katzen auf dem eigenen Grundstück zu dulden sind (Näheres hierzu siehe Kapitel „Katzen").
Für privatrechtliche Streitigkeiten im Nachbarrecht sind die Zivilgerichte zuständig, also die Amtsgerichte, Landgerichte, Oberlandesgerichte und der Bundesgerichtshof.

2.4 Das Wohnungseigentumsgesetz

Für die Beziehungen von Wohnungseigentümern untereinander gelten die Bestimmungen des Bürgerlichen Gesetzbuchs und der Nachbarrechtsgesetze grundsätzlich nicht, sondern die speziellen Regelungen des Wohnungseigentumsgesetzes. Für den Interessenausgleich zwischen den Nachbarn soll die Regelung in § 14 Nr. 1 Wohnungseigentumsgesetz sorgen. Danach darf ein Wohnungseigentümer sowohl sein Sondereigentum als auch das Gemeinschaftseigentum nur so gebrauchen, dass er die anderen Wohnungseigentümer nicht beeinträchtigt. Allerdings sagt die Vorschrift nichts über die zulässige Höhe von Bäumen, Sträuchern und Hecken. In diesem Fall wenden die Gerichte ausnahmsweise die landesrechtlichen Regelungen über Abstände und Höhen an (BGH, 28.9.2007, V ZR 276/06, MDR 2008, 135).

2.5 Öffentliches Nachbarrecht

Auch das öffentliche Recht gewinnt im Nachbarrecht immer mehr an Bedeutung. Öffentlich-rechtliche Vorschriften dienen nicht nur dem Schutz der Allgemeinheit, sondern haben vielfach auch nachbarschützenden Charakter. Hierunter fallen zum Beispiel baurechtliche Vorschriften, die für Bauvorhaben einen Abstand zum Nachbargrundstück vorschreiben (siehe hierzu im Einzelnen im Kapitel „Das Baunachbarrecht").

Für öffentlich-rechtliche Nachbarstreitigkeiten sind die Verwaltungsgerichte zuständig.

2.6 Polizei

Grundsätzlich ist es nicht Sache der Polizei, Ihre privaten Rechte durchzusetzen. Diese müssen Sie notfalls vor Gericht einklagen. Aufgabe der Polizei ist es, für die öffentliche Sicherheit und Ordnung zu sorgen. Werden zum Beispiel Hausbewohner durch Lärm beeinträchtigt, weil ein Nachbar mitten in der Nacht die Musikanlage auf volle Lautstärke dreht, kann die Polizei einschreiten, weil Lärmbelästigung der Nachbarschaft eine Ordnungswidrigkeit darstellt, die mit einer Geldbuße geahndet werden kann (Näheres zu Lärmbelästigung im Kapitel „Lärm und Schallschutz").

TIPP: Gespräch mit dem Nachbarn

Bahnt sich ein Konflikt mit dem Nachbarn an, sollten Sie zunächst versuchen, diesen in einem sachlichen Gespräch zu klären. Ein solches Gespräch kann aber nur erfolgreich sein, wenn beide Nachbarn an einer konstruktiven Lösung interessiert sind. Sie sollten natürlich Ihre Interessen wahrnehmen, aber nicht in jedem Fall auf Ihr Recht pochen. Ein kleines Entgegenkommen beider Seiten an der richtigen Stelle kann möglicherweise einen langwierigen und unter Umständen auch kostspieligen Nachbarrechtstreit vermeiden.

3 Mein Grundstück – Dein Grundstück

Zentrale Bedeutung im Nachbarrecht hat das Grundstück. In diesem Kapitel erfahren Sie, welche Rechte und Pflichten Sie rund ums Grundstück haben.

Unter Grundstück versteht man einen abgegrenzten Teil der Erdoberfläche, der im Grundbuch unter einer bestimmten Nummer eingetragen ist. Das Recht des Eigentümers an seinem Grundstück erstreckt sich dabei nicht nur auf den katastermäßig abgegrenzten Teil der Bodenoberfläche, sondern auch auf den Raum über und unter dieser (§ 905 Satz 1 BGB). Das Grundstück ist deshalb mehr als die reine Fläche, es ist eher ein Körper mit einem bestimmten Volumen, dessen Spitze unterhalb der Oberfläche mit dem Erdmittelpunkt zusammenfällt und das auch den Luftraum über der Erde erfasst.

3.1 Das Eigentum am Grundstück

Eigentum nennt man das umfassende Recht, das die Rechtsordnung an einer Sache, zum Beispiel einem Grundstück, zulässt. Sie können als Eigentümer mit Ihrem Grundstück nach Belieben verfahren und andere von jeder Einwirkung ausschließen, soweit dem nicht das Gesetz oder Rechte Dritter entgegenstehen (§ 903 Satz 1 BGB). Sie können also Ihr Grundstück grundsätzlich nach Ihrem Belieben veräußern oder belasten sowie bepflanzen und bebauen.

3.1.1 Diese Dinge gehören nicht zum Eigentum

Grundsätzlich erstreckt sich das Eigentum auch auf den Erdkörper unter der Erdoberfläche. Allerdings sind folgende Dinge davon ausgenommen:

- **Grundwasser**
  Das Eigentum des Grundstückseigentümers am Erdkörper unter der Oberfläche umfasst nicht das Quell- und Grundwasser. Die Nutzungsbefugnisse bestimmen sich vielmehr nach dem Wasserhaushaltsgesetz und den Landeswassergesetzen. Wollen Sie zum Beispiel Grundwasser zum Betrieb einer Grundwasserwärmepumpe zum Heizen nutzen, benötigen Sie eine wasserrechtliche Erlaubnis. Gleiches gilt für Brunnenbohrungen.

- **Bergfreie Bodenschätze**
  Die in § 3 Bundesberggesetz aufgezählten bergfreien Bodenschätze gehören ebenfalls nicht dem Grundstückseigentümer. Hierzu gehören unter anderem Kohle- und Erdölvorkommen sowie wertvolle Minerale wie Gold, Silber, Eisen und Kupfer. Wer solche Bodenschätze auf seinem Grundbesitz findet und abbauen will, benötigt eine bergrechtliche Bewilligung.

3.1.2 Beschränkungen des Eigentums

Der Grundsatz, dass Sie mit Ihrem Eigentum machen können, was Sie wollen und jedes Einwirken darauf verbieten können, besteht allerdings nicht schrankenlos. Unter bestimmten Voraussetzungen müssen Sie Einwirkungen dulden, etwa wenn diese in großer Höhe oder Tiefe geschehen.

3.1.3 „Mein" Luftraum und „mein" Erdreich

Sie können sich als Eigentümer grundsätzlich sowohl gegen Beeinträchtigungen des Luftraums über Ihrem Grundstück als auch des Erdreichs darunter zur Wehr setzen, es sei denn, die Einwirkungen erfolgen in solcher Höhe oder Tiefe, dass Sie praktisch nicht beeinträchtigt werden. Bei der Frage, ob eine nicht zu duldende Beeinträchtigung vorliegt, kommt es auf die konkreten Umstände des Einzelfalls an. Dabei spielen auch die örtlichen Verhältnisse eine Rolle (OLG Düsseldorf, 26.2.2007, 9 W 105/06, NJW 2007, 582).

BEISPIEL: Überschwenkender Kran

Das OLG Düsseldorf entschied, dass der Nachbar das Überschwenken eines Kranauslegers, der vorübergehend für auf dem angrenzenden Grundstück durchzuführende Arbeiten benötigt wird, nicht verbieten kann. Für eine Beeinträchtigung ist zwar ausreichend, dass durch das Überschwenken des Auslegers der Berechtigte sich gefährdet oder belästigt fühlen kann. Solch eine subjektive Einschätzung einer Gefahr ist aber nicht gegeben, wenn mit dem Schwenkarm keine Lasten über das Nachbargrundstück transportiert werden. Allein den Schwenkarm als Gefahrenquelle zu betrachten, reicht nach dem OLG Düsseldorf nicht aus (OLG Düsseldorf, 26.2.2007, 9 W 105/06, NJW 2007, 582).

Hingegen muss es der Nachbar nach einer früheren Entscheidung des OLG Düsseldorf aber nicht dulden, wenn ein Bauunternehmer einen auf seinem Betriebsgrundstück dauerhaft installierten Baukran gewerblich nutzt und mit dessen Ausleger ständig Lasten über das Nachbargrundstück in einer Höhe bis zu 4,95 Meter transportiert (OLG Düsseldorf, 9.8.1989, 9 U 36/89, NJW-RR 1989,1421).

Ist erkennbar, dass der Kran als solcher mangels hinreichender technischer Absicherung eine Gefahrenquelle darstellt, wird der Nachbar selbst dann Unterlassung verlangen können, wenn keine Lasten transportiert werden. In diesem Fall kommt es auf die vom Kran selbst ausgehende Gefahr an.

Wird ein Kran zu Bau-, Reparatur- oder Renovierungsarbeiten vorübergehend eingesetzt, kann dies durch das sogenannte Hammerschlags- und Leiterrecht (siehe unser Kapitel dazu) erlaubt sein.

BEISPIEL: Betonanker unterhalb der Grundstücksfläche

Bei in Hanglage gelegenen benachbarten Grundstücken mussten Betonanker zur statischen Sicherung einer tiefer gelegenen Baugrube unterhalb der Grundstücksfläche des höher gelegenen Grundstücks verlegt werden und sollten auf Dauer dort bleiben. Die Betonanker befanden sich circa 13 bis 16 Meter unterhalb der Bodenplatte des höher gelegenen Hauses. Dies konnte nach Meinung des OLG Stuttgart keine Auswirkungen auf die Grundstücksnutzung haben, weshalb dann auch keine unstatthafte Beeinträchtigung vorlag (OLG Stuttgart, 2.12.1993, 7 U 23/93, NJW 1994, 739).

3.1.4 Ver- und Entsorgungsleitungen

Sie müssen als Anschlussnehmer das Verlegen von Ver- und Entsorgungsleitungen für Strom, Gas, Wasser und Fernwärme durch Ihr Grundstück nach folgenden Verordnungen dulden:

- Niederspannungsanschlussverordnung vom 1.11.2006 (BGBl. I, S. 2477)
- Niederdruckanschlussverordnung vom 1.11.2006 (BGBl. I, S. 2477)
- Verordnung über Allgemeine Bedingungen für die Versorgung mit Wasser vom 20.6.1980 (BGBl. I, S. 750)
- Verordnung über Allgemeine Bedingungen für die Versorgung mit Fernwärme vom 20.6.1980 (BGBl. I, S. 742)

TIPP: Duldungspflicht nur bei Versorgungsunternehmen

Die Duldungspflicht besteht nur zwischen dem Versorgungsunternehmen und dem Eigentümer, wo dieser selbst als Kunde auftritt. Ihr Nachbar kann dagegen für sich kein Recht aus den Verordnungen herleiten, dass Leitungen über Ihr Grundstück bis zu ihm verlegt werden.

3.1.5 Telekommunikationsleitungen

Sie dürfen als Grundstückseigentümer nach § 76 Telekommunikationsgesetz den Betrieb und die Erneuerung von Telekommunikationsleitungen der Deutschen Telekom AG oder anderer Netzbetreiber auf Ihrem Grundstück nicht verbieten, wenn

- auf dem Grundstück bereits eine durch ein Recht gesicherte Leitung oder Anlage auch für die Errichtung, den Betrieb und die Erneuerung einer Telekommunikationslinie genutzt und dadurch die Nutzbarkeit des Grundstücks nicht noch mehr eingeschränkt wird
  oder
- das Grundstück durch die Benutzung nicht oder nur unwesentlich beeinträchtigt wird.

3.1.6 Luftverkehr

In § 1 Abs. 1 Luftverkehrsgesetz ist der Grundsatz der Freiheit des Luftraums geregelt. Sie sind somit als Eigentümer nicht berechtigt, das Überfliegen Ihres Grundstücks durch Luftfahrzeuge zu verbieten.

3.1.7 Hinweisschilder und Straßenbeleuchtung

§ 126 Baugesetzbuch begründet die gesetzliche Duldungspflicht des Eigentümers für das Anbringen technischer Vorrichtungen für Straßenbeleuchtung sowie Hinweis- und Straßenschilder auf seinem Grundstück.

3.1.8 Straßenbahnoberleitungen

Ebenfalls muss der Eigentümer es dulden, dass technische Einrichtungen im Zusammenhang mit dem Bau von Straßenbahnen auf seinem Grundstück errichtet werden (§ 32 Personenbeförderungsgesetz).

3.2 Grundstücksgrenzen und Grenzverläufe

Will ein Grundstückseigentümer einen Zaun errichten oder eine Garage an die Grenze bauen, taucht nicht selten die Frage auf, wo genau diese Grenze verläuft. Schließlich hängen hiervon Umfang und wirtschaftlicher Wert des Grundstücks ab. Unter Grundstücksgrenzen versteht man gedachte Linien, die ein Grundstück als einen räumlich abgegrenzten Teil der Erdoberfläche von einem anderen trennen.

3.2.1 Das Liegenschaftskataster

Zentrale Bedeutung bei der Ermittlung und Feststellung von Grundstücksgrenzen sowie deren Abmarkung mit Grenzzeichen kommt dem Liegenschaftskataster zu. Jedes Bundesland verfügt über ein solches Kataster. Darin sind sämtliche Grundstücke und Gebäude des Bundeslandes im automatisierten Liegenschaftsbuch beschrieben und in der digitalen Flurkarte grafisch dargestellt. Es dient zugleich für die Grundbücher als amtliches Grundstücksverzeichnis. Zuständig für die Führung des Liegenschaftskatasters sind die Kataster- und Vermessungsbehörden der Länder. Der Grundbesitz ist im Liegenschaftskataster in Flurstücken, auch Katastergrundstück oder Parzelle genannt, erfasst. Die Grenzen eines Flurstücks entsprechen nicht notwendigerweise den Grundstücksgrenzen. Ein Grundstück kann sowohl aus einem, als auch aus mehreren Flurstücken bestehen. Alle Flurstücke sind im Liegenschaftskataster mit einer Flurstücknummer registriert. Das Liegenschaftskataster ist ferner nach Gemarkungen gegliedert. Flurstücknummer und Gemarkungsbezeichnung jeden Grundstücks finden sich auch im Bestandsverzeichnis des Grundbuchblatts.

Nachdem Sie Flurstücknummer und Gemarkungsbezeichnung aus dem Grundbuch erfahren haben, können Sie anhand dieser Daten Lage und Grenzverlauf Ihres Grundstücks im Liegenschaftskataster feststellen.

3.2.2 Grenzabmarkung

Finden Sie an Ihrer Grundstücksgrenze Grenzsteine nicht mehr und wollen Sie die Grenze wieder dokumentieren lassen, muss sich Ihr Nachbar an den hierfür anfallenden Kosten beteiligen. Er kann nicht einwenden, die Wiederherstellung der Grenzzeichen sei überflüssig, weil der Grenzverlauf ohnehin bekannt und unstrittig ist. Denn bei der Abmarkung geht es gerade nicht um die Ermittlung einer strittigen Grenze, sondern lediglich um die Sicherung eines unstreitigen Grenzverlaufs durch die Errichtung oder Wiederherstellung von Grenzzeichen. Diese können zum Beispiel durch Bodenbewegungen verrückt oder im Laufe der Zeit unkenntlich geworden sein (§ 919 Abs. 1 BGB). Als Grenzabmarkungen verwendet werden Grenzsteine, Kunststoffmarken, Eisenrohre, Metallbolzen, Meißelzeichen, Grenznägel und Grenzpfähle. So sind die Grenzen des Ortes für jeden klar erkennbar. Herrscht dagegen Streit über die Grenzverhältnisse, müssen diese erst durch eine Grenzscheidungsklage geklärt werden (siehe unten).

! **ACHTUNG: Abmarkung schafft Beweismittel**

Entspricht die abgemarkte Grenze nicht den wirklichen Eigentumsverhältnissen, bewirkt dies keine Änderung des Umfangs Ihres Eigentums. Die Abmarkung schafft aber ein Beweismittel für den korrekten Grenzverlauf. Wer sich darauf beruft, dass die Grenze falsch abgemarkt ist, muss selbst sein Eigentum an dem von ihm beanspruchten Grenzstreifen beweisen.

3.2.3 Privatrechtlicher Abmarkungsanspruch

Jeder Eigentümer eines Grundstücks kann vom Eigentümer des benachbarten Grundstücks verlangen, dass er bei der Abmarkung oder Wiederherstellung von Grenzzeichen mitwirkt (§ 919 Abs. 1 BGB).

3.2.4 Öffentlich-rechtliche Abmarkungspflicht

Nicht immer bleibt es allerdings den Eigentümern überlassen, ob sie die Abmarkung der Grenze durchführen. In den Kataster-, Vermessungs- beziehungsweise Abmarkungsgesetzen einiger Bundesländer sind besondere Abmarkungspflichten geregelt. Besteht eine solche Abmarkungspflicht, kann die Abmarkung bereits durch Antrag eines Grundstückseigentümers an die Vermessungsbehörde eingeleitet und auch gegen den Widerspruch des Nachbarn durchgeführt werden.

3.2.5 Abmarkungsverfahren und -protokoll

Art und Verfahren der Abmarkung richtet sich nach den Landesgesetzen der Bundesländer oder, fehlen solche, nach der Ortsüblichkeit (§ 919 Abs. 2 BGB). Zuständig für die Abmarkung sind die Vermessungsbehörden. In vielen Fällen wird auf Antrag eines Grundstückseigentümers in einem allen Beteiligten vorher angekündigten

Ortstermin der Grenzverlauf vor Ort eingemessen, mit Grenzzeichen markiert und in einem Abmarkungsprotokoll dokumentiert, das beide Grundstückseigentümer zu unterschreiben haben.

Die gegenüber der Vermessungsbehörde anfallenden Kosten richten sich nach den Kostenregelungen der jeweiligen Bundesländer.

! **ACHTUNG: Abmarkungsprotokoll ist Grenzfeststellungsvertrag**

Durch Ihre Unterschrift unter das Abmarkungsprotokoll erkennen die Grundstückseigentümer in der Regel nicht nur die Ordnungsmäßigkeit des Abmarkungsprotokolls an, sondern einigen sich auch auf einen bestimmten Grenzverlauf. Das Abmarkungsprotokoll hat die Wirkung eines Grenzfeststellungsvertrags (siehe unten).

3.2.6 Duldungspflicht des Eigentümers

Grundstückseigentümer oder diejenigen, denen die Nutzung des Grundstücks überlassen ist, nämlich Mieter oder Pächter, müssen die zur Abmarkung notwendigen Maßnahmen, zum Beispiel das Betreten des Grundstücks, dulden. Sie tragen auch dafür Sorge, dass Grenzzeichen erhalten bleiben. Wer Grenzzeichen vorsätzlich beseitigt, an eine andere Stelle verrückt oder beschädigt, macht sich strafbar oder begeht zumindest eine Ordnungswidrigkeit.

3.2.7 Wer trägt die Kosten?

Sowohl beim privatrechtlichen Abmarkungsanspruch als auch bei einer öffentlichrechtlichen Abmarkungspflicht, haben die Nachbarn die Kosten zu gleichen Teilen zu tragen, wenn keine besonderen Gründe für eine abweichende Kostenregelung vorliegen (§ 919 Abs. 3 BGB). Solche besonderen Gründe können zum Beispiel abweichende vertragliche Vereinbarungen sein. Ferner muss der Nachbar die Kosten etwa dann alleine tragen, wenn er das Grenzzeichen vorsätzlich oder fahrlässig entfernt oder verrückt hat (§ 823 BGB).

Hiervon zu unterscheiden ist die Verpflichtung zur Kostenübernahme gegenüber dem Vermessungsamt. Diese trifft meistens den Antragsteller, der die Abmarkungsarbeiten veranlasst hat. Dieser kann sich dann aber in der Regel die Hälfte der Kosten vom Nachbarn wiederholen.

3.2.8 Grenzverlauf

Sind Nachbarn unterschiedlicher Meinung, wo genau die Grenze verläuft, stehen ihnen verschiedene Möglichkeiten offen, sich zu einigen. So kann ein Grenzfeststellungsvertrag geschlossen werden oder man geht vor Gericht, wo es zu einer Eigentums- bzw. Grenzscheidungsklage kommt.

TIPP: Schließen Sie einen Grenzfeststellungsvertrag

Sie können einen Streit über den Grenzverlauf endgültig beilegen, wenn Sie sich mit Ihrem Nachbarn über den Grenzverlauf in einem Grenzfeststellungsvertrag gütlich einigen. Dazu erkennen Sie eine vom Vermessungsamt ermittelte Grenze als bindend an. So lässt sich ein langwieriger und kostspieliger Rechtsstreit vermeiden.
Ein solcher Vertrag kann bereits dadurch zustande kommen, dass alle beteiligten Nachbarn das Abmarkungsprotokoll als Ergebnis eines behördlichen Abmarkungsverfahrens unterschreiben und dadurch die Grenzen anerkennen (siehe zum Abmarkungsprotokoll oben). Werden mit dem Grenzfeststellungsvertrag Eigentumsflächen übertragen, muss der Vertrag allerdings auch noch notariell beurkundet werden (§ 311b Abs. 1 BGB).

3.2.9 Eigentumsklage

Beansprucht ein Eigentümer einen vom Nachbarn genutzten Grenzstreifen, kann er Klage auf Herausgabe der strittigen Fläche erheben (§ 985 BGB) und die Unterlassung der Nutzung dieser Fläche verlangen (§ 1004 Abs. 1 BGB). Voraussetzung ist allerdings, dass er sein Eigentum an der strittigen Fläche beweisen kann. Gute Karten hat er dann, wenn sich die von ihm behauptete Grenzlinie aus dem Liegenschaftskataster ergibt. In diesem Fall nehmen die Gerichte zunächst an, dass diese richtig ist (§ 891 BGB). Übrigens auch dann, wenn Zaungrenzen tatsächlich anders verlaufen (BGH, 2.12.2005, V ZR 11/05, MDR 2006, 923; OLG Hamm, Urteil v. 5.6.2014, I-5 U 207/13, MDR 2014,1251).

3.2.10 Grenzscheidungsklage

Ist der Grenzverlauf streitig, beansprucht also jeder Nachbar das Eigentum an einem strittigen Grenzstreifen für sich, ohne dass einer von ihnen sein Eigentum daran nachweisen könnte, bleibt die Grenzscheidungsklage. Man spricht in diesem Fall von sogenannter Grenzverwirrung (§ 920 BGB).

Die Klage zielt auf richterliche Feststellung des Grenzverlaufs ab. Bei der Bestimmung der Grundstücksgrenze orientiert sich der Richter vor allem daran, wer die streitige Grundstücksfläche bisher tatsächlich genutzt hat (BGH, 24.1.2008, IX ZR 216/06, NJW-RR 2008, 610).

3.3 Grenzeinrichtungen

Erstrecken sich Zäune, Zufahrten oder andere Dinge, die zum Vorteil beider Grundstücke dienen, ganz oder zumindest teilweise über die Grenze zweier Grundstücke, spricht man von sogenannten Grenzeinrichtungen.

3.3.1 Kosten

Die Nachbarn dürfen die Grenzeinrichtung gemeinsam nutzen und müssen natürlich auch die Kosten gemeinsam tragen, um diese in ordnungsgemäßem Zustand zu erhalten. Dies gilt etwa für das Verputzen einer Mauer, das Pflegen einer Hecke oder das Mähen eines Grenzrains. Entstehen Aufwendungen allerdings ausschließlich infolge der Benutzung durch einen Nachbarn, muss dieser die Kosten auch alleine tragen. Dies gilt ebenfalls für Reparaturkosten, die anfallen, wenn ein Nachbar die Einrichtung beschädigt hat.

3.3.2 Einverständnis beider Nachbarn

Eine Grenzeinrichtung kann überhaupt nur mit Zustimmung des Nachbarn entstehen. Die wird allerdings schon dann als gegeben angesehen, wenn sich der Nachbar an der Errichtung oder Nutzung der Grenzeinrichtung beteiligt hat. Kann nach Jahrzehnten nicht mehr festgestellt werden, wer die Grenzanlage errichtet hat, nehmen die Gerichte zunächst einmal an, dass beide Nachbarn damals einverstanden waren. Verlangt der Nachbar nun die Beseitigung, muss er beweisen, dass das Gegenteil der Fall war.

Eine Grenzeinrichtung darf grundsätzlich nur mit Einverständnis beider Nachbarn verändert oder beseitigt werden.

Beispiele für gemeinschaftliche Grenzeinrichtungen sind:

- Nachbarwand, auch Giebel- oder Kommunmauer genannt (Näheres hierzu im Kapitel „Nachbarwand“)
- auf der gemeinsamen Grundstücksgrenze stehende Zäune, Gartenmauern oder Anpflanzungen wie Hecken
- auf der Grenze liegende Zufahrtswege zur Garage
- gemeinsame Dachrinnen und Dachtraufen
- Sichtblenden im Terrassenbereich auf den Grundstücksgrenzen zwischen Doppel- und Reihenhäusern
- Zwischenräume zwischen zwei benachbarten Gebäuden, sogenannte „enge Reihen“
- Gräben und Wälle
- Raine zwischen benachbarten Äckern.

Es reicht schon aus, wenn sich die Einrichtung nur zum Teil über die Grenze erstreckt. So ist zum Beispiel eine Mauer insgesamt als Grenzeinrichtung anzusehen, wenn sie nur mit etwa der Hälfte ihrer Länge von der Grenzlinie geschnitten wird und im Übrigen vollständig auf einem der aneinandergrenzenden Grundstücke verläuft (LG Aachen, 20.3.1998, 5 S 330/97, MDR 1998, 591). Eine Hecke ist insgesamt eine Grenzeinrichtung, wenn nur einige Stämme der Heckenpflanzen dort, wo sie aus dem Boden heraustreten, von der Grenze durchschnitten werden (BGH, 15.10.1999, V ZR 77/99, WM 2000, 146).

Wird die Genehmigung eines Bauvorhabens vom Einverständnis des Nachbarn mit einer gemeinsamen Zufahrt abhängig gemacht und haben die Nachbarn die betreffenden Planzeichnungen unterschrieben, gilt dies als vertragliche Vereinbarung über die Anlage einer gemeinsamen Zufahrt auf der Grundstücksgrenze. Damit ist eine gemeinschaftliche Grenzeinrichtung entstanden (LG Zweibrücken, 26.9.1995, 3 S 205/95, MDR 1996, 46).

Eine Grenzanlage liegt vor, wenn sich die Anlage zumindest teilweise über die Grenze zweier Grundstücke erstreckt und funktionell beiden Grundstücken dient. Eine grenzscheidende Wirkung braucht der Anlage nicht zuzukommen (BGH, Urteil v. 7. 3 2003, V ZR 11/02,MDR 2003, 681).

Anders verhält es sich mit Zäunen, die nicht einmal teilweise auf der Grenzlinie stehen, sondern lediglich entlang der Grenze, aber ganz auf eigenem Grund. Dann handelt es sich um keine Grenzanlage. Entfernt der Eigentümer irgendwann den Zaun, so hat der Nachbar keinen Anspruch auf dessen Wiederherstellung (LG Bochum, 17.3.1992, 9 S 497/91, MDR 1992, 677). Allerdings kann sich eine Verpflichtung zur Einfriedung aus dem Nachbarrecht der Bundesländer ergeben (siehe auch das Kapitel „Einfriedungen“).

3.3.3 Vorteilhafte Grenzeinrichtung

Es handelt sich nur dann um eine gemeinschaftliche Grenzeinrichtung, wenn sie für beide Grundstücke vorteilhaft ist. Ein solcher Vorteil kann zum Beispiel in der Sichtschutzfunktion einer Hecke liegen oder in der Möglichkeit, einen gemeinsamen Weg als Zufahrt zu verwenden. Gebraucht aber nur einer der Nachbarn eine auf beiden Grundstücken befindliche Fläche als Zufahrt, der andere jedoch gar nicht oder nicht in relevantem Umfang, dient die Fläche nur dem Vorteil desjenigen, der sie als Zufahrt nutzt. In diesem Fall verliert die Einrichtung ihren Status als gemeinschaftliche Grenzeinrichtung (OLG Saarbrücken, 15.3.2006, 1 U 311/05, MDR 2006, 1166).

3.3.4 Beseitigung

Ein Nachbar darf eine Grenzeinrichtung nicht ohne Zustimmung des anderen beseitigen oder verändern. Dies gilt auch für Teile der Grenzeinrichtung, die sich nur auf seinem eigenen Grundstück befinden (§ 922 Satz 3 BGB). Tut er es trotzdem, kann der andere Nachbar die Wiederherstellung des ursprünglichen Zustands verlangen (§ 1004 Abs. 1 BGB). So darf zum Beispiel ein Grundeigentümer nicht die nur auf seinem Grund und Boden stehenden Pflanzen einer als Grenzanlage angelegten Thujenhecke entfernen (LG Gießen, 13.7.1994, 1 S 163/94, MDR 1995, 41).

3.4 Nachbarwand (Kommunmauer) und Grenzwand

3.4.1 Nachbarwand (Kommunmauer)

Nachbarwand, auch halbscheidige Giebel- oder Kommunmauer genannt, nennt man eine auf der Grundstücksgrenze errichtete gemeinsame Wand, die den auf diesen Grundstücken errichteten oder noch zu errichtenden Bauwerken als Abschlusswand dient oder dienen soll.

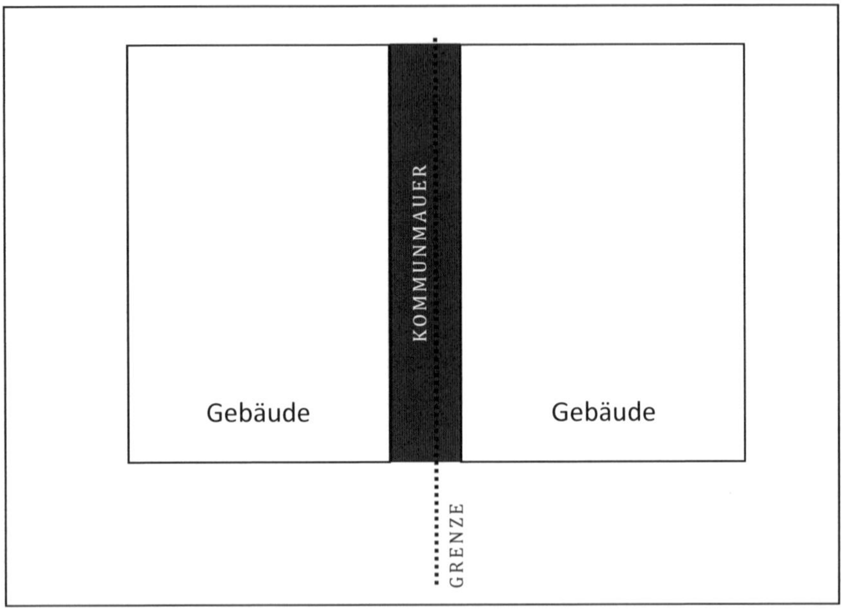

Abb. 1: Beispiel für eine Nachbarwand oder Kommunmauer

In den Nachkriegsjahren wurden vielfach zwei benachbarte Häuser mangels Baumaterial mit einer auf der Grenze stehenden gemeinsamen Nachbarwand erbaut. Die Hausmauer des zuerst Bauenden wurde meist hälftig auf dem angrenzenden Grundstück errichtet. Bei späterer Bebauung des Nachbargrundstücks konnte der Nachbar sein Bauwerk unmittelbar an die vorhandene Wand anfügen. Diese Bautechnik wird heute praktisch nicht mehr verwendet.

Vorschriften über Nachbarwände finden sich in den Nachbarrechtsgesetzen der Länder Berlin, Brandenburg, Hessen, Niedersachsen, Nordrhein-Westfalen, Rheinland-Pfalz, dem Saarland, Sachsen-Anhalt, Schleswig-Holstein und Thüringen.

Keine oder nur lückenhafte Regelungen existieren in Baden-Württemberg, Bayern, Bremen, Hamburg, Mecklenburg-Vorpommern und Sachsen.

3.4.2 Zustimmungspflicht des Nachbarn

Weil die Nachbarwand teilweise auf dem angrenzenden Grundstück steht, darf sie nur gebaut werden, wenn der Nachbar zustimmt. Wird dieser nicht gefragt, handelt es sich um einen Grenzüberbau und der Rückbau kann gefordert werden.

! **ACHTUNG: Schriftlich zustimmen**

Halten Sie die Zustimmung beider Nachbarn über die Errichtung einer Nachbarwand immer schriftlich fest, um eventuelle spätere Streitigkeiten schnell beilegen zu können.
Derweil richten sich Nutzung und Unterhalt der Wand nach den jeweiligen Eigentumsverhältnissen. Dabei ist zwischen dem Zeitraum vor und nach dem Anbau des zweiten Hauserbauers zu unterscheiden.

3.4.3 Lage vor Anbau des zweiten Hauses

Wer als Erster das Gebäude mit der Nachbarwand mit Zustimmung des Nachbarn errichtet, wird automatisch deren Alleineigentümer. In diesem Fall ist und bleibt die Mauer wesentlicher Bestandteil des Grundstücks (BGH, 23.2.1990, V ZR 231/88, NJW 1990, 1791).

Das Gleiche gilt, wenn der Nachbar zwar nicht gefragt wurde, aber der Ersterbauer die Wand nur unbeabsichtigt oder lediglich leicht fahrlässig auch auf fremden Grund gesetzt hat. In diesem Fall spricht man von einem entschuldigten Überbau (BGH, 22.02.1974, V ZR 103/73, NJW 1974, 794).

Weil dem Ersterbauer die Nachbarwand gehört, sind sowohl die Kosten der Errichtung als auch die Unterhaltung seine Sache. Deshalb darf er die Mauer auch alleine nutzen und etwa als Reklamefläche vermieten.

3.4.4 Lage nach dem Anbau des zweiten Gebäudes

Baut der Nachbar an die Nachbarwand an, erwirbt er Miteigentum. Die Mauer wird durch die Einbeziehung in den Bau des Nachbarn wesentlicher Bestandteil des angebauten Gebäudes, wodurch ein sogenanntes ideelles Miteigentum nach Bruchteilen entsteht (BGH, 22.2.1974, V ZR 103/73, NJW 1974, 794). Wird an die ganze Mauer angeschlossen, wird jeder Nachbar Miteigentümer zur Hälfte. Erfolgt der Anbau jedoch nur teilweise, wird der anbauende Nachbar auch nur zu dem entsprechenden Teil Miteigentümer (OLG Karlsruhe, 25.4.1990, 6 U 233/89, NJW-RR 1990, 1164).

Mit dem Anbau wird die Nachbarwand eine Grenzeinrichtung (§ 921 BGB): Sie dient nun dem Vorteil beider Grundstücke. Es gelten dadurch die Regeln für gemeinschaftliche Grenzeinrichtungen, womit auch die Aufteilung aller anfallenden Kosten gemeint ist.

Entsprechend ihren Miteigentumsanteilen dürfen die Nachbarn die Wand nun gemeinsam nutzen, und zwar so, dass sie den anderen nicht beeinträchtigen. Darunter fällt es auch, Strom-, Gas- und Wasserleitungen in der Wand zu verlegen oder Kamine einzubauen.

TIPP: Die Ausgleichszahlung

Hat der Nachbar mit seinem Gebäude an die Nachbarwand angeschlossen, ist er dem Ersterbauer zur Zahlung eines Ausgleichs in Höhe des anteiligen Verkehrswertes der Wand, den diese zum Zeitpunkt des Anbaus hatte, verpflichtet (§ 812 BGB).

3.4.5 Was gilt nach Abriss eines Gebäudes?

Jeder Eigentümer darf sein an die gemeinsame Nachbarwand gebautes Haus ohne Rücksprache mit dem Nachbarn abbrechen, soweit die Wand selbst nicht beeinträchtigt wird. Folge: Der abreißende Nachbar muss die durch den Abriss freigelegte gemeinsame Nachbarwand vor Witterungseinflüssen wie eindringender Feuchtigkeit schützen beziehungsweise dem Eigentümer des anderen Gebäudes die Kosten erstatten, die dieser in der Folge für Schutzmaßnahmen aufzuwenden hat (§§ 812, 1004 BGB; OLG Köln, 29.6.1995, 5 U 5/95, ZMR 1996, 139).

Nach dem OLG Köln bleibt die Giebelmauer jedenfalls dann nach dem Abriss eines der Häuser im Miteigentum, wenn ein neuer Anbau an die Giebelmauer beabsichtigt ist oder sie sich in anderer Weise — etwa durch Vermietung zu Reklamezwecken — weiter nutzen lässt. Jeder Nachbar darf die seinem Grundstück zugewandte Außenfläche der Nachbarwand dann alleine nutzen (OLG Köln, 23.5.2006, 3 U 203/05, OLGR Köln 2006, 784).

3.4.6 Grenzwand

Setzt der Bauherr die Abschlusswand seines Gebäudes unmittelbar an die Grundstücksgrenze, aber ausschließlich auf eigenen Grund, spricht man von einer Grenzwand.

Besonders innerhalb von Städten ist es üblich, Häuser in geschlossener Bauweise zu errichten, sodass zwei auf verschiedenen Grundstücken stehende Häuser aneinander grenzen. Typischer Fall ist die geschlossene Bebauung ganzer Straßenzüge in Städten sowie Doppel- und Reihenhäuser in eher ländlichen Gebieten.

Hierbei wird heute in der Regel die zweischalige Bauweise mit getrennten Hausabschlusswänden gewählt. Dazwischen liegt — wegen der Anforderungen an Brand- und Schallschutz — eine Dämmschicht und eine Dehnungsfuge. Hierbei sind die Abschlusswände der jeweils auf eigenem Grund stehenden Häuser Grenzwände. Bei der zwischen den Gebäuden auf der Grenzlinie liegenden Dämmschicht und Dehnungsfuge handelt es sich außerdem um eine gemeinschaftliche Grenzeinrichtung.

Vorschriften über Grenzwände finden sich in den Nachbarrechtsgesetzen vieler Bundesländer.

Die Grenzwand steht im Alleineigentum des Erbauers. Daran ändert sich auch nichts, wenn der Nachbar an die Grenzwand anbaut oder wenn das zuerst errichtete Gebäude abgerissen beziehungsweise zerstört wird und die Grenzwand als Teil des Anbaus stehen bleibt (OLG Düsseldorf, 25.10.1995, 11 U 8/94, DWW 1997, 306).

Will der Nachbar die Grenzwand mitbenutzen, etwa durch Anbringen einer Spaliervorrichtung, rankende Pflanzen oder als Abschlusswand seines Gebäudes, muss er die Zustimmung des Eigentümers der Grenzwand einholen. Nutzt der Nachbar die Grenzwand unerlaubt, kann der Eigentümer Beseitigung der Störung und das Unterlassen weiterer Störungen verlangen (§ 1004 Abs. 1 BGB).

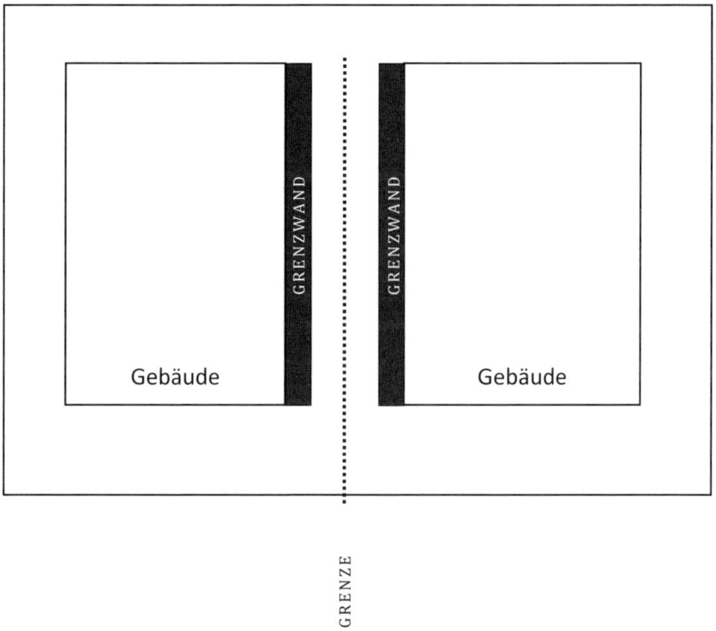

Abb. 2: Beispiel für eine Grenzwand

BEISPIEL: Eine isolierende Grenzwand soll abgerissen werden

Anders als bei der gemeinschaftlichen Wand braucht ein Eigentümer, der sein an die Grenze gebautes Gebäude abreißt und dadurch die angrenzende Wand des Nachbarn freilegt, diese nicht gegen Witterungseinflüsse zu schützen. Der Grund hierfür ist folgender: Ist die Mauer keine gemeinschaftliche Wand, ist der Nachbar auch nicht schutzwürdig (BGH, 16.4.2010, V ZR 171/09, NZM 2010, 486; BGH, 18.2.2011,V ZR 137/10, NZM 2011, 758; OLG Hamburg, 5.9.2014, 9 U 121/13).

Nur in Sachsen-Anhalt schreibt das dortige Nachbarrechtsgesetz nicht nur für Nachbarwände beziehungsweise Kommunmauern, sondern auch für Grenzwände vor, dass der sein Gebäude abbrechende Eigentümer die freigelegte Wand in „einen für eine Außenwand geeigneten Zustand" versetzen muss. Das kann etwa das Aufbringen von Außenputz bedeuten. In den übrigen Nachbarrechtsgesetzen hingegen gibt es für diese Fälle keine Vorschriften.

3.5 Einfriedungen

3.5.1 Zäune

Innerhalb bebauter Ortsteile ist es üblich, den eigenen Grund von dem des Nachbarn durch Zäune oder andere Einfriedungen abzugrenzen. Grundsätzlich darf jeder sein Grundstück einzäunen, ohne dass der Nachbar dies verhindern könnte, denn ein Eigentümer kann mit seinem Grund und Boden nach Belieben verfahren (§ 903 BGB). Allerdings besteht dieses Recht nicht uneingeschränkt. So sind zum Beispiel Einfriedungen außerhalb von Ortschaften in der freien Landschaft baurechtlich und naturschutzrechtlich nicht erlaubt.

Ein Zaun darf grundsätzlich ohne Abstand zum Nachbargrundstück direkt an der Grenze, aber noch auf eigenem Grund, stehen. Nach den Bauordnungen der Länder ist ein Grenzabstand nur für die Errichtung von Gebäuden einzuhalten. Etwas anderes gilt allerdings dann, wenn es sich um Einfriedungen wie Hecken handelt, für die die landesrechtlichen Vorschriften über die Einhaltung von Grenzabständen für Bäume und Sträucher zu beachten sind. Anders ist dies auch, wenn es nicht um die Abzäunung einer Grenze zum Nachbarn, sondern zu einer öffentlichen Straße geht. In diesem Fall sind landesrechtliche Bestimmungen zu beachten, die im Hinblick auf die Verkehrssicherheit erlassen wurden.

Wurde die Einfriedung aber mit Einverständnis des Nachbarn auf der Grundstücksgrenze, also teilweise auf fremdem Grund, errichtet, handelt es sich um eine Grenzeinrichtung (§ 921 BGB). Nun sind die Nachbarn gemeinsam zur Benutzung berechtigt und müssen den Zaun natürlich auch gemeinsam unterhalten. Der eine Grundstückseigentümer darf die Anlage nicht mehr ohne das Einverständnis des anderen verändern oder beseitigen. Entfernt ein Nachbar dennoch eigenmächtig den Zaun, kann der andere die Errichtung eines neuen, artgleichen Zauns verlangen (BGH, 23.11.1984, V ZR 176/83, NJW 1985, 1458).

3.5.2 Es gelten die Landesregelungen

Enthält das Nachbarrechtsgesetz Ihres Bundeslandes spezielle Vorschriften über Einfriedungen, müssen Sie diese beachten. Dies ist der Fall in Baden-Württemberg, Berlin, Brandenburg, Hessen, Niedersachsen, Nordrhein-Westfalen, Rheinland-Pfalz, Saarland, Sachsen, Sachsen-Anhalt, Schleswig-Holstein und Thüringen.

3.5.3 Was ist eine Einfriedung?

Unter „Einfriedung" versteht man einen Zaun, eine Mauer, eine Hecke oder eine andere Anlage auf oder an der Grundstücksgrenze, die ein Grundstück oder Teile davon gegenüber der Außenwelt schützen und ein Hindernis für alles sein soll, was von außen her den Frieden des Grundstücks stören und dessen Nutzung beeinträchtigen könnte (LG Gießen, 21.09.1994, 1 S 173/94, NJW-RR 1995, 271).

3.5.4 Es gilt das Baurecht

Wer sein Grundstück mit einem Zaun oder einer Gartenmauer einfrieden will, muss in jedem Fall die bauordnungsrechtlichen Vorschriften seines Bundeslandes beachten. So kann schon für einen Zaun oder eine Mauer als sogenannte bauliche Anlage eine Baugenehmigung erforderlich sein, wenn dies die Bauordnung des jeweiligen Bundeslandes verlangt.

▶ **BEISPIEL: Wann keine Baugenehmigung erforderlich ist**

Keine Baugenehmigung benötigen Sie zum Beispiel in Innerortslage in Bayern für Gartenmauern und Gartenzäune bis 1,80 Meter Höhe.
Bei Einfriedungen ist immer auch das in den Bauordnungen der Länder geregelte Verunstaltungsverbot zu beachten. Im Klartext: Einfriedungen sind nach

Material, Bauart und Höhe so zu errichten, dass sie das Gesamtbild ihrer Umgebung nicht verunstalten, sondern sich in diese einfügen. So sind Einfriedungen im Außenbereich baurechtlich und naturschutzrechtlich nur ausnahmsweise zulässig (BayVGH, 27.10.1995, 2 B 93.2417, BayVBl 1997, 693).

Auch gemeindliche Bebauungspläne und örtliche Satzungen enthalten häufig nähere Vorgaben zu Beschaffenheit, Bauart und Höhe von Einfriedungen, die beachtet werden müssen.

3.5.5 Halten Sie auch kommunale Einfriedungsvorgaben ein

Nach der Einfriedungssatzung der Stadt München dürfen Einfriedungen maximal 1,50 Meter hoch sein. Sie sind offen herzustellen. Das bedeutet, dass sie nicht als geschlossene Wand wirken dürfen. Dies gilt für die Straßenseite ebenso wie für die übrigen Grundstücksgrenzen. Zulässig sind zum Beispiel Lattenzäune, Jägerzäune und Maschendrahtzäune. Nicht zulässig sind Mauern, geschlossene Holzflechtzäune, geschlossene Lattenzäune sowie Zäune über 1,50 Meter.

3.5.6 Straßen- und Wegerecht

Für Einfriedungen von Grundstücken an Bundesfernstraßen, Landes- und Kreisstraßen sind neben den baurechtlichen Bestimmungen auch die straßenrechtlichen Vorschriften zu beachten. Diese dienen der Verkehrssicherheit und erfüllen somit einen übergeordneten Zweck.

3.5.7 Naturschutzrecht

Liegen Grundstücke in der freien Natur, so sind die landesrechtlichen Einfriedungsverbote in den Landschaftspflegegesetzen der Bundesländer einzuhalten. Einfriedungen wie etwa Zäune und Mauern gelten nach Naturschutzrecht als sogenannte Sperren und sind in der freien Natur grundsätzlich nicht zulässig.

TIPP: Das Bauamt weiß Rat!

Bevor Sie ans Werk gehen, sollten Sie sich beim örtlichen Bauamt erkundigen, welche Bestimmungen Sie für Einfriedungen Ihres Grundstücks beachten müssen. Andernfalls entspricht die von Ihnen errichtete Einfriedung möglicherweise nicht den Vorschriften und Sie müssen diese wieder entfernen. Das kann Sie viel Zeit und noch mehr Geld kosten.

3.5.8 Zäune in Wohnungseigentumsanlagen

Die nachbarrechtlichen und baurechtlichen Bestimmungen für Einfriedungen sind nicht auf Gartenflächen innerhalb von Wohnungseigentumsanlagen anzuwenden. Hier gelten vielmehr die Regelungen in §§ 22, 14 Wohnungseigentumsgesetz (WEG). Zäunt ein Wohnungseigentümer eine ihm als Sondernutzungsfläche überlassene Gartenfläche ein, stellt dies eine bauliche Veränderung nach § 22 Abs. 1 Satz 1 WEG dar. Deshalb müssen andere Wohnungseigentümer zustimmen, wenn sie dadurch einen Nachteil haben. Der könnte darin bestehen, dass der optische Gesamteindruck der Wohnanlage durch den Zaun mehr als nur geringfügig beeinträchtigt wird. Verläuft neben einer Wohnanlage dagegen ein Bach, kann die Wohnungseigentümergemeinschaft zur Anlage eines kindersicheren Zauns sogar verpflichtet sein (BayObLG, 17.2.2000, 2 Z BR 180/99, WuM 2001, 91).

3.5.9 Muss ich mein Grundstück einfrieden?

Grundsätzlich kann niemand von Ihnen verlangen, dass Sie Ihr Grundstück einzäunen. Es ist allein Ihre Sache, wie Sie dieses nutzen. Eine Verpflichtung kann sich allerdings aus den Nachbarrechtsgesetzen der Länder ergeben. So müssen Sie in Rheinland-Pfalz, Saarland, Sachsen-Anhalt und Thüringen ihr Grundstück einzäunen, wenn der Nachbar dies verlangt und es zum Schutz des Nachbarn vor wesentlichen Beeinträchtigungen erforderlich ist. In Berlin und Brandenburg müssen Sie Ihr Grundstück generell einfrieden, wenn der Nachbar dies verlangt und es ortsüblich ist. In Hessen, Nordrhein-Westfalen, Niedersachsen und Schleswig-Holstein müssen auf Verlangen des Nachbarn bebaute und gewerblich genutzte Grundstücke in Innerortslage umzäunt werden.

TIPP: Verlangen Sie immer schriftlich nach einer Einfriedung

In den vorgenannten Bundesländern entsteht eine Pflicht zur Einfriedung erst, wenn der Nachbar dies verlangt. Dafür ist zwar keine bestimmte Form vorgeschrieben, aber Sie sollten das Einfriedungsverlangen immer schriftlich abfassen, um spätere Beweisschwierigkeiten von vorneherein zu vermeiden.

Keine nachbargesetzliche Regelung über eine Einfriedungspflicht gibt es allerdings für Baden-Württemberg in Innerortslage, Bayern, Bremen, Hamburg, Mecklenburg-Vorpommern und Sachsen. In diesen Ländern können Sie Einfriedungen direkt an die Grenze zum Nachbarn oder mit Zustimmung des Nachbarn auf die gemeinsame Grundstücksgrenze setzen, soweit dies baurechtlich zulässig ist. Im letzteren Fall entsteht dann eine gemeinschaftliche Grenzeinrichtung. Allerdings kann sich auch in diesen Bundesländern eine Verpflichtung zur Einfriedung aus örtlichen Bauvorschriften oder Bebauungsplänen ergeben.

3.5.10 Ortsübliche Einfriedung

Nachbarn haben oft unterschiedliche Vorstellungen davon, wie eine Einfriedung aussehen soll. Regelungen hierüber finden sich in den Nachbarrechtsgesetzen von Berlin, Brandenburg, Hessen, Niedersachsen, Nordrhein-Westfalen, Rheinland-Pfalz, Saarland, Sachsen, Sachsen-Anhalt, Schleswig-Holstein und Thüringen. Nach diesen Vorschriften muss die Grundstückseinfriedung ortsüblich sein, also den näheren örtlichen Verhältnissen entsprechen.

Andernfalls kann die Beseitigung oder Abänderung einer bereits vorhandenen Einfriedung dann verlangt werden, wenn sich nur unter dieser Voraussetzung der nachbarrechtliche Anspruch auf eine ortsübliche Einfriedung verwirklichen lässt. Dies ist nach dem BGH zum Beispiel der Fall bei einer aus dem Rahmen fallenden Einfriedung aus senkrecht aneinandergereihten Eisenbahnschwellen (BGH, 23.3.1979, V ZR 106/77, NJW 1979, 1409). Das Gleiche gilt bei einer zwei Meter hohen Gartenmauer anstelle der ortsüblichen Einfriedung mit ein Meter hohen Hecken (BGH, 22.5.1992, V ZR 93/91, NJW 1992, 2569). Ferner hat der Nachbar einen Beseitigungsanspruch, wenn die Einfriedung höher ist als vorgeschrieben (BGH, 11.11.1977, V ZR 149/75, MDR 1978, 564).

Ist eine Ortsüblichkeit nicht feststellbar, weil es in dem betreffenden Gebiet zahlreiche äußerst unterschiedliche Einfriedungen gibt, sind in den Bundesländern mit entsprechenden Bestimmungen folgende Einfriedungen vorgeschrieben:

Einfriedungen	
Bundesland	Einfriedung
Berlin, Brandenburg	circa 1,25 Meter hoher Maschendrahtzaun
Hessen	1,20 Meter hoher verzinkter Maschendrahtzaun
Niedersachsen	bis zu 1,20 Meter hoher Zaun aus Holz oder Metall
Nordrhein Westfalen	circa 1,20 Meter hohe Einfriedung, Zaun oder Mauer
Rheinland-Pfalz, Saarland, Thüringen	1,20 Meter hoher Zaun aus festem Maschendraht
Sachsen-Anhalt	Bis zu 2,00 Meter hoher Zaun aus Holz oder Metall
Schleswig-Holstein	circa 1,20 Meter hoher Maschendrahtzaun

Regelungen zu Einfriedungen in den verschiedenen Bundesländern

Lässt sich eine Ortsüblichkeit nicht feststellen, kann die Beseitigung einer Einfriedigung, deren Beschaffenheit den Vorschriften des Landesnachbarrechts entspricht, selbst dann nicht verlangt werden, wenn die Art der Einfriedigung ästhetisch unschön und sonst nirgendwo vertreten ist (BGH, 17. 1. 2014, V ZR 292/12,MDR 2014,460).

3.5.11 Musterbrief: Aufforderung zur Beseitigung einer unzulässigen Einfriedung

Musterbrief: Aufforderung zur Beseitigung einer unzulässigen Einfriedung

Heinz Müller
Blumengasse 7
21212 Musterstadt

[Datum]

Minderung der Mauerhöhe

Sehr geehrter Herr Müller,

Mein Grundstück ______[Straße] _ [Hausnummer] grenzt im hinteren Gartenbereich auf einer Länge von circa 25 Meter unmittelbar an Ihr Grundstück Blumengasse 7 an. Beide Grundstücke waren seit ihrer Bebauung mit Einfamilienhäusern im Jahre ____ nicht durch eine feste Einrichtung getrennt. Während meines Urlaubs haben Sie ohne Ankündigung auf Ihrem Grundstück in einem Abstand von circa 20 Zentimetern und parallel zur Grenzlinie eine circa 2,70 Meter hohe Mauer errichtet. Die Höhe der Einfriedung ist nicht ortsüblich, denn in der gesamten näheren Umgebung ist keine Einfriedung höher als 1,50 Meter. Deshalb fordere ich Sie auf, die Mauer auf die Höhe von 1,50 Meter zu begrenzen. Hierfür setze ich Ihnen eine Frist bis zum _____ [Datum].

Mit freundlichen Grüßen

[Unterschrift Nachbar]

3.5.12 Der kindersichere Gartenteich

Ein Teich ist zwar dekorativ, kann aber auch eine Gefahrenquelle darstellen, zum Beispiel für spielende Kinder. Der Eigentümer ist für sein Grundstück verkehrssicherungspflichtig, muss also Gefahren, die sich aus dem Zustand seines Grundstücks für Dritte ergeben können, abwenden und die nötigen Sicherungsmaßnahmen treffen. Das kann eben bedeuten, dass die Wasserfläche eingefriedet werden muss, um sie kindersicher zu machen.

Alternativ kann der Eigentümer sein Grundstück so einzäunen und absichern, dass fremde Kinder dieses nicht betreten und zum Teich gehen können, oder die Wasseroberfläche mit Gitterrosten abdecken, um ein Hineinfallen zu verhindern. Ist das Grundstück gegen mögliche Unfälle nicht ausreichend abgesichert, kann der Nachbar Sicherungsmaßnahmen verlangen.

3.5.13 Verkehrssicherungspflicht kann auf den Mieter übertragen werden

Bei Mietgrundstücken kann der Eigentümer die Pflicht, den Teich kindersicher zu machen, durch entsprechende mietvertragliche Vereinbarung auf den Mieter übertragen. Trotzdem enthebt ihn das nicht seiner Aufsichtspflicht. Er muss regelmäßig kontrollieren, ob der Mieter seinen Pflichten nachkommt. Andernfalls haftet unter Umständen auch er.

Allerdings kommt bei Kleinkindern der Aufsichtspflicht der Eltern eine ganz erhebliche Bedeutung zu. So bedürfen Kleinkinder ständiger Aufsicht, damit sie sich nicht Gefahren in ihrer Umgebung aussetzen, die sie aufgrund ihrer Unerfahrenheit und Unbesonnenheit noch nicht erkennen und beherrschen können. Der Grundstückseigentümer muss sich auch darauf verlassen können, dass die Nachbarn ihrer Aufsichtspflicht nachkommen (BGH, 20.9.1994, VI ZR 162/93, NJW 1994, 3348; OLG Hamm, 23.5.2001, 13 U 253/00, NJW-RR 2002, 233; LG Bonn, 16.5.2008,3 O 503/07).

Die Aufsichtspflicht geht der Verkehrssicherungspflicht in der Regel vor, sodass die Verkehrssicherungspflicht nur dann Bedeutung erlangt, wenn die Eltern ihre Aufsichtspflicht nicht verletzt haben. Dies gilt etwa dann, wenn auch bei altersbedingter Sorgfaltspflicht ein Kind ohne Verschulden der Aufsichtspflichtigen das Grundstück des Nachbarn betritt und dort in den Teich fällt. In diesem Fall drohen dem verkehrssicherungspflichtigen Eigentümer Ansprüche auf Schadensersatz (§ 823 BGB) und Schmerzensgeld sowie strafrechtliche Konsequenzen. Auch wenn dieser haftpflichtversichert ist, muss er unter Umständen selbst für den Schaden aufkommen. Das tritt ein, wenn die Haftpflichtversicherung von ihrer Leistungspflicht aufgrund eines grob fahrlässigen Verhaltens des Verkehrssicherungspflichtigen befreit ist. Diese Erwägungen gelten dabei nicht nur für Gartenteiche, sondern auch für Swimmingpools.

3.5.14 Sichtschutzzaun

Sichtschutzzäune und -wände wie Strohmatten oder Holzpanelen verhindern die Einsicht in das eigene Grundstück und nehmen damit eine Funktion wahr, die teilweise der von Einfriedungen gleichkommt. Dennoch sind sie wegen ihrer massiven Bauart den Einfriedungen nicht gleichzusetzen, sondern als bauliche Anlagen baugenehmigungspflichtig, wenn sie nicht in der Bauordnung des jeweiligen Bundeslandes ausdrücklich von der Baugenehmigungspflicht freigestellt sind. Dasselbe gilt grundsätzlich auch für Sichtblenden im Terrassenbereich zwischen Doppel- und Reihenhäusern. Auch diese sind bauliche Anlagen, die nur dann direkt an die Grundstücksgrenze oder mit Zustimmung des Nachbarn auf die Grenze gesetzt werden dürfen, wenn dies baurechtlich zulässig ist.

Sind alle baurechtlichen Bedenken ausgeräumt und setzen Sie die Sichtblende nun mit Zustimmung des Nachbarn auf die Grundstücksgrenze, entsteht eine gemeinschaftliche Grenzeinrichtung. Nun können Sie die Sichtblende nicht mehr ohne Erlaubnis des Nachbarn verändern oder gar entfernen. Allerdings muss sich Ihr Nachbar auch an den Unterhaltungskosten, wie etwa einem Anstrich, beteiligen. Wollen Sie das vermeiden, können Sie die Sichtblende natürlich auch auf Ihr Grundstück direkt an die Grenze setzen, selbst dann, wenn dies dem Nachbarn die freie Aussicht nimmt (BVerwG, 9.2.1995, 4 NB 17/94, NVwZ 1995, 895).

► **BEISPIEL: Sichtblende ohne Genehmigung**

In Bayern zum Beispiel benötigen Sie für eine Sichtblende im Terrassenbereich keine Baugenehmigung, wenn sie nicht höher als zwei Meter und nicht tiefer als vier Meter ist.

3.5.15 Stützmauer

Stützmauern sichern Hanggrundstücke oder aufgeschüttete Grundstücke gegen das Abrutschen von Erdreich.

In der Regel benötigen Sie für die Errichtung einer Stützmauer, weil sie als bauliche Anlage gilt, eine Baugenehmigung. Womöglich müssen Sie auch baurechtlich vorgeschriebene Grenzabstände zu benachbarten Grundstücken einhalten. Ferner dürfen Sie die Stützmauer nur in Absprache mit dem Nachbarn auf dessen Grund oder direkt auf die Grenze bauen.

3.6 Grunddienstbarkeiten

Grunddienstbarkeiten werden in der Praxis in erster Linie dazu verwendet, um die Rechtsbeziehungen zwischen Nachbarn individuell zu gestalten. Das kann sich entweder auf Geh- und Fahrtrechte beziehen oder auf Leitungsrechte für Wasser, Abwasser, Strom und Gas. Unter einer Grunddienstbarkeit versteht man die im Grundbuch eingetragene Belastung eines Grundstücks, des sogenannten dienenden Grundstücks, zugunsten des jeweiligen Eigentümers eines anderen Grundstücks, des sogenannten herrschenden Grundstücks.

Erwerben Sie zum Beispiel ein Hinterliegergrundstück ohne eigenen Zugang zur Straße, wird vielfach schon zu dessen Gunsten ein Überfahrtsrecht über das straßenseitige Grundstück als Grunddienstbarkeit im Grundbuch vermerkt sein. Im Unterschied zu einer bloßen vertraglichen Vereinbarung wirkt eine im Grundbuch eingetragene Grunddienstbarkeit auch für und gegenüber Rechtsnachfolgern wie Erwerbern des belasteten und begünstigten Grundstücks. Denn als wesentlicher Bestandteil eines Grundstücks (§ 96 BGB) geht die Grunddienstbarkeit bei dessen Übertragung mit auf den neuen Eigentümer über. Im Klartext: Sie können sich sowohl gegenüber Ihrem jetzigen Nachbar als auch gegenüber einem etwaigen Erwerber seines Grundstücks auf Ihr Überfahrtsrecht berufen.

Der praktische Nutzen liegt auf der Hand: Probleme, die sich aus der Lage eines Grundstücks ergeben, können durch eine Grunddienstbarkeit auf Dauer gelöst werden.

Ist aber noch keine Grunddienstbarkeit vorhanden, können Sie mit Ihrem Nachbarn über die Einräumung eines solchen Rechts verhandeln. Haben Sie sich darüber geeinigt, muss das Recht noch ins Grundbuch eingetragen werden, und zwar in Abteilung II auf dem Grundbuchblatt des belasteten Grundstücks. Dies setzt voraus, dass der davon Betroffene, meistens der Eigentümer des belasteten Grundstücks, damit einverstanden ist und dies durch eine sogenannte Eintragungsbewilligung zum Ausdruck bringt. Die Eintragungsbewilligung muss öffentlich beglaubigt oder notariell beurkundet werden. Wird in der Eintragungsbewilligung die Grunddienstbarkeit genauer beschrieben, kann bei der Eintragung auf diese verwiesen werden. Näheres über Inhalt und Umfang ergibt sich aus der in Bezug genommenen Eintragungsbewilligung.

Kommt eine Einigung über die Einräumung einer Grunddienstbarkeit nicht zustande, kann womöglich das Notwegrecht weiter helfen.

3.6.1 Der Inhalt einer Grunddienstbarkeit

Dazu kommen ausschließlich die folgenden drei in § 1018 BGB genannten Belastungsarten infrage:

- Der Berechtigte darf das belastete Grundstück in bestimmter Weise nutzen (§ 1018 BGB 1. Alternative), etwa wenn folgende Rechte berührt werden:
  - Geh- und Fahrtrechte
  - KFZ-Stellplatzrechte
  - Das Recht zur Unterhaltung und Nutzung von Bauwerken und technischen Anlagen, zum Beispiel Rohrleitungen für Wasser, Abwasser, Gas und ähnliches sowie einer Netzstation, einer Gleisanlage oder eines Kellers
  - Das Recht, Wasser oder Bodenbestandteile wie Kies, Sand oder Torf zu entnehmen
  - Weide- und Forstrechte
  - Das Recht, ein Gewerbe, zum Beispiel eine Gaststätte oder Tankstelle, zu betreiben
- Auf dem Grundstück dürfen bestimmte Handlungen nicht vorgenommen werden (§ 1018 BGB 2. Alternative).Hierunter fällt etwa die Verpflichtung des Eigentümers, auf seinem Grundstück keinen Gewerbebetrieb zu errichten oder ein bestimmtes Gewerbe nicht auszuüben. Es kann verboten werden, das Grundstück überhaupt zu bebauen oder die Bebauung auf gewisse Ausmaße zu beschränken. So können die zulässige Gebäudehöhe und der einzuhaltende Grenzabstand festgelegt werden. Auf diese Weise kann sich der Nachbar für alle Zeiten eine unverbaute Aussicht sichern.
- Der Verpflichtete darf gegenüber dem Berechtigten bestimmte Rechte nicht ausüben (§ 1018 BGB 3. Alternative), etwa wenn der Eigentümer des belasteten Grundstücks darauf verzichtet, folgende Eigentumsrechte geltend zu machen
  - sein Abwehrrecht gegenüber übermäßigen Immissionen nach § 906 BGB
  - sein Recht auf Einhaltung nachbarschützender Vorschriften wie etwa Abstandsvorschriften
  - seinen Anspruch auf Beseitigung eines unentschuldigten Überbaus oder einer Anlage, von der Gefahr drohen könnte.

Durch eine Grunddienstbarkeit kann der Eigentümer des belasteten Grundstücks aber auch nicht zu einem aktiven Handeln verpflichtet werden. Niemand kann von ihm verlangen, dass er sein Grundstück bebauen oder einfrieden muss.

Zudem muss jede Grunddienstbarkeit für die Benutzung des Grundstücks des Berechtigten einen Vorteil bieten (§ 1019 BGB). Dieser kann zum Beispiel darin bestehen, dass in der Nähe eines Mietshausgrundstücks für die Bewohner per Dienstbarkeit abgesicherte KFZ-Stellplätze zur Verfügung stehen.

Welchen Inhalt und Umfang das eingetragene Recht genau hat, bestimmt sich nach Wortlaut und Sinn des Grundbucheintrags selbst und der Eintragungsbewilligung, sofern auf sie darin verwiesen wurde. Auch Lagepläne, Karten, Zeichnungen oder Abbildungen können herangezogen werden, wenn sie der Bewilligungsurkunde als Anlage beigefügt sind (§ 9 Abs. 1 Satz 3 Beurkundungsgesetz). Umstände außerhalb der Urkunde dürfen nur dann berücksichtigt werden, wenn sie nach den besonderen Verhältnissen im Einzelfall für jeden ohne Weiteres erkennbar sind, wie etwa die Lage oder Verwendungsart des herrschenden Grundstücks (BGH, 8.2.2002, V ZR 252/00, NJW 2002, 1797).

Der Inhalt des Rechts muss allerdings nicht für alle Zeiten feststehen. Ist der Umfang nicht abschließend fixiert, kann er sich entsprechend den Bedürfnissen des begünstigten Grundstücks ändern (vgl. hierzu das Kapitel „Geh- und Fahrtrecht“).

Die Art der Dienstbarkeit muss sich schlagwortartig aus der Grundbucheintragung selbst ergeben. Nicht ausreichend sind Bezeichnungen wie „Benützungsbeschränkung“ oder „Verfügungsbeschränkung“ (OLG Hamm, 13.10.1994, 5 U 68/94, NJW-RR 1995, 914). Dagegen genügt etwa der Eintrag als „Wegerecht“ oder „Wasserleitungsrecht“. Ist das Recht nicht ausreichend bezeichnet, ist es nach dem OLG Hamm unwirksam und von Amts wegen zu löschen (§ 53 Abs. 1 Satz 2 Grundbuchordnung; OLG Hamm, 8.9.1997, 15 W 191/97, ZfIR 1998, 52).

3.6.2 Nießbrauch ist keine Grunddienstbarkeit

Während der Nießbrauch einzelnen Personen ein umfassendes Nutzungsrecht an einem Grundstück gewährt, erlaubt die Grunddienstbarkeit nur einzelne Nutzungen beziehungsweise schließt bestimmte Handlungen oder Rechte aus. Im Unterschied zur beschränkt persönlichen Dienstbarkeit wird sie nicht nur zu Gunsten einzelner Personen, sondern zu Gunsten des jeweiligen Eigentümers eines anderen Grundstücks bestellt.

Während die Grunddienstbarkeit die privatrechtlichen Beziehungen zwischen Nachbarn regelt, beinhaltet die Baulast die öffentlich-rechtliche Verpflichtung eines Eigentümers gegenüber der Baubehörde.

TIPP: Wie das Recht auszuüben ist

Während der Eigentümer des belasteten Grundstücks den Berechtigten bei der Ausübung der Dienstbarkeit nicht beeinträchtigen darf, muss Letzterer auf den Eigentümer Rücksicht nehmen (§ 1020 Satz 1 BGB).

3.6.3 Kostenteilung

Betreibt der Berechtigte auf dem Grundstück des Nachbarn zur Ausübung seiner Grunddienstbarkeit eine Anlage wie eine Versorgungsleitung oder einen Weg, muss er diese in ordnungsgemäßem Zustand erhalten (§ 1020 Satz 2 BGB).

Benutzt allerdings neben dem Inhaber der Dienstbarkeit auch der Eigentümer die Anlage, sind beide anteilig zur Unterhaltung, Instandsetzung sowie Verkehrssicherung verpflichtet, und zwar im Zweifel jeweils zur Hälfte. Weigert sich der Dienstbarkeitsberechtigte, eine erforderliche Unterhaltungs- oder Instandsetzungsmaßnahme durchzuführen, kann der Eigentümer diese vornehmen und vom Berechtigten im Umfang seiner Kostenbeteiligung Erstattung der Kosten als Schadensersatz verlangen (BGH, 12.11.2004, V ZR 42/04, MDR 2005, 385).

Hiervon abweichende Vereinbarungen sind zulässig (§ 1021 Satz 2 BGB) und müssen ins Grundbuch eingetragen werden, um auch gegenüber Rechtsnachfolgern zu wirken.

3.6.4 Verlegung der Grunddienstbarkeit

Wird die Grunddienstbarkeit nur auf einem Teil des belasteten Grundstücks ausgeübt und ist der Nachbar hierdurch besonders beeinträchtigt, kann dieser verlangen, dass die Grunddienstbarkeit auf einem anderen Teil des belasteten Grundstücks ausgeübt wird (§ 1023 BGB).

3.6.5 So kommen Sie zu Ihrem Recht

Wird der Berechtigte in der Ausübung seiner Grunddienstbarkeit behindert, ist er wie ein Eigentümer geschützt (§ 1027 BGB). So kann er verlangen, dass Störungen beseitigt oder unterlassen werden (§ 1004 BGB). Er kann auch Schadensersatzansprüche stellen. Eine Beeinträchtigung liegt zum Beispiel dann vor, wenn

- bei einem Wegerecht die Zufahrt verengt oder die Überfahrt in anderer Weise behindert wird
- der festgelegte Grenzabstand nicht eingehalten wird
- bei einem Stellplatzrecht der Eigentümer selbst dort parkt

Der Eigentümer kann zum Beispiel auch dazu verpflichtet sein, einen Anbau, der den Berechtigten an der Ausübung seiner Dienstbarkeit hindert, zu beseitigen (BGH, 12.10.1990, V ZR 149/89, NJW-RR 1991, 457).

!

ACHTUNG: Verjährung droht

Ist auf dem Grundstück eine Anlage, durch die die Grunddienstbarkeit beeinträchtigt wird, errichtet worden, kann der Anspruch des Berechtigten auf Beseitigung verjähren (§ 1028 Abs. 1 Satz 1 BGB), und zwar nach herrschender Ansicht innerhalb von drei Jahren gemäß §§ 195, 199 Abs. 1 BGB (OLG Saarbrücken, 5.11.2008, 1 U 147/08, Rpfl. 2009, 376). Mit der Verjährung erlischt dann darüber hinaus auch noch die Dienstbarkeit, soweit der Bestand der Anlage mit ihr in Widerspruch steht (§ 1028 Abs. 1 Satz 2).

Überschreitet andererseits der Dienstbarkeitsberechtigte seine Befugnisse, drohen ihm Ansprüche des Eigentümers des belasteten Grundstücks auf Beseitigung beziehungsweise Unterlassung (§ 1004 BGB) sowie bei schuldhaftem Verhalten Schadensersatzansprüche.

3.6.6 Wann die Grunddienstbarkeit erlischt

Die Grunddienstbarkeit kann zum Beispiel wieder erlöschen,

- wenn der Dienstbarkeitsberechtigte erklärt, das Recht aufzugeben und dies im Grundbuch eingetragen wird (§§ 875, 876 BGB)
- wenn der bei ihrer Bestellung bestimmte Endtermin abläuft oder die auflösende Bedingung, unter der sie bestellt worden ist, eintritt
- wenn die Ausübung der Dienstbarkeit aus tatsächlichen oder rechtlichen Gründen dauernd ausgeschlossen ist oder der Vorteil für das herrschende Grundstück endgültig wegfällt (§ 1019 BGB)
- wenn das belastete Grundstück zwangsversteigert wird und die Grunddienstbarkeit nicht im geringsten Gebot berücksichtigt worden ist (§§ 59, 91 Abs. 1 ZVG)
- wenn die Grunddienstbarkeit länger als zehn Jahre nicht ausgeübt wurde (BayOblG, 16.10.2003, 2 Z BR 187/03, Rpfl. 2004, 156).

3.6.7 Sonderfall: Altrechtliche Grunddienstbarkeiten

Auch heute sind altrechtliche Dienstbarkeiten wie Wege-, Weide-, Keller- und Fischereirechte grundsätzlich noch zu beachten, selbst wenn sie nicht im Grundbuch eingetragen sind. Hierbei handelt es sich um Rechte, die vor dem Zeitpunkt, in denen die Grundbücher angelegt wurden, also um 1900, entstanden sind. Deren Begründung richtete sich nach sogenanntem alten Recht, wie zum Beispiel in einigen Gebieten Bayerns dem Coburger Recht, das vor Inkrafttreten des Bürgerlichen Gesetzbuchs galt. Sie mussten damals für ihre Entstehung nicht ins Grundbuch eingetragen werden. Grundsätzlich brauchen sie auch nicht nachträglich eingetragen zu werden, um wirksam zu bleiben, wenn nicht der Berechtigte oder der Eigentümer des belasteten Grundstücks dies verlangt (Art. 187 Abs. 1 Satz 2 EGBGB). Ist eine Eintragung ins Grundbuch allerdings nicht erfolgt, kann die altrechtliche Dienstbarkeit gemäß Art. 57 Abs. 1 in Verbindung mit Art. 56 Abs. 3 AGBGB erlöschen, wenn sie zehn Jahre nicht ausgeübt wurde.

In den neuen Bundesländern sind nicht eingetragene altrechtliche Dienstbarkeiten mit Ablauf des 31.12.2000 gemäß § 8 Grundbuchbereinigungsgesetz erloschen.

3.7 Geh- und Fahrtrecht

Ist ein Geh- und Fahrtrecht im Grundbuch eingetragen, ergibt sich dessen Inhalt in erster Linie aus dem Wortlaut des Grundbucheintrags selbst und aus der Eintragungsbewilligung, auf die darin verwiesen wird.

Die Bezeichnung als Wegerecht erlaubt eine umfassende Benutzung durch Gehen und Fahren sowie im landwirtschaftlichen Bereich auch durch Reiten und Durchtreiben von Vieh. Bei einem Fahrtrecht darf der Nachbar auch auf dem Grundstück gehen. Allerdings berechtigt ein Geh- und Fahrtrecht nicht dazu, ein Fahrzeug auf der in Anspruch genommenen Strecke abzustellen, sei es, um dieses zu be- und entladen, zu parken, zu waschen oder zu reparieren (BGH, V ZR 254/74, 12.1.1976, WM 1977, 146; BGH, 30.4.1965, V ZR 17/63, WM 1965, 1009).

Gebraucht werden dürfen bei einem Fahrtrecht für die jeweilige Nutzung des begünstigten Grundstücks übliche Fahrzeuge. Führt der Weg zum Beispiel zu einem Wohngrundstück, sind dies Personenkraftwagen. Bei landwirtschaftlichen Betrieben dürfen auch landwirtschaftliche Fahrzeuge und bei Gewerbebetrieben gewerbliche Fahrzeuge darauf fahren.

Nicht nur der Eigentümer des berechtigten Grundstücks selbst darf den Weg beanspruchen, sondern grundsätzlich auch solche Personen, die zu diesem in besonderen Beziehungen stehen. Damit sind Hausgenossen, Mieter, Pächter und Besucher gemeint und bei gewerblicher Nutzung des Grundstücks die Kunden (BGH, 21.5.1971, V ZR 8/69, MDR 1971, 738).

Ist der Umfang des Wegerechts nicht genau fixiert, kann sich dieser nachträglich ändern. Wenn der Nutzungsbedarf des herrschenden Grundstücks, also dem des Dienstbarkeitsberechtigten, aufgrund der normalen technischen und wirtschaftlichen Entwicklung steigt, ist eine stärkere Frequentierung des Wegs von der Dienstbarkeit gedeckt. Anders sieht es aus, wenn der Berechtigte die Nutzung seines Grundstücks unvorhersehbar grundlegend ändert. In diesem Fall darf er die Strecke nicht intensiver gebrauchen (BGH, 11.04.2003, V ZR 323/02, MDR 2003, 985). Dies gilt zum Beispiel bei der Umstellung eines landwirtschaftlichen Hofs in einen Handwerksbetrieb oder eine Gaststätte (OLG Karlsruhe, 25.3.1977, 14 U 71/75, OLGZ 1978, 81).

BEISPIEL: Die Reichweite des Wegerechts

Ein Wegerecht des Inhalts, das belastete Grundstück zu landwirtschaftlichen Zwecken zu überqueren, erlaubt keine Fahrten von und zu Gewächshäusern und einem Wohnhaus, die der Berechtigte später für einen Gartenbaubetrieb errichtet hat (BGH, 11.04.2003, V ZR 323/02, MDR 2003, 985).

3.7.1 Wer ist wofür zuständig?

Der Berechtigte muss den Weg unterhalten, instand setzen und trägt die Verkehrssicherungspflicht, muss also auch räumen und streuen. Benutzt allerdings der Eigentümer den Weg mit, tragen beide die Kosten der Instandhaltung und Instandsetzung anteilig, sofern nichts anderes vereinbart ist. Auch sind in der Regel beide verkehrssicherungspflichtig (BGH, 12.11.2004, V ZR 42/04, MDR 2005, 385).

3.7.2 Wie das Wegerecht auszuüben ist

Einerseits darf der Eigentümer den Berechtigten bei der Nutzung des Wegs nicht behindern. Andererseits muss der Inhaber der Dienstbarkeit sein Recht möglichst schonend ausüben und dabei auf die Interessen des Eigentümers Rücksicht nehmen. Der Wegeberechtigte muss es hinnehmen, dass der Eigentümer sein Grundstück, etwa wegen spielenden Kleinkindern, einzäunt und mit einem verschließbaren Tor versieht, das nach Gebrauch wieder zu schließen ist (OLG Karlsruhe, 12.9.1990, 6 U 178/89, NJW-RR 1991, 785). Auch darf der Eigentümer ein bereits vorhandenes mechanisch zu öffnendes Zufahrtstor gegen eine moderne Torschließanlage mit elektrischem Schließmechanismus austauschen, ohne dass der Inhaber des Fahrtrechts verlangen kann, dass das Tor täglich in der Zeit von 8 Uhr bis 22 Uhr ununterbrochen geöffnet bleibt (OLG Karlsruhe, 23. 2. 2006, 9 U 132/05, MDR 2006, 1279). Der Wegeberechtigte ist dann nicht zum nächtlichen Abschließen eines am Wegezugang eingerichteten Tors verpflichtet, wenn keine von seinem herrschenden Grundstück aus zu bedienende Toröffnungsanlage vorhanden ist (OLG Karlsruhe, 25.7.2014, 12 U 155/13, ZfIR 2014, 805). Bei einem Wegerecht ist die Beeinträchtigung der Durchfahrt durch ein Tor nur dann geringfügig und hinzunehmen, wenn es für jedermann möglich ist, das Tor zu öffnen. Ist dies nicht der Fall , muss das Tor zumindest einen Briefkasten, eine beleuchtete Klingel und eine Gegensprechanlage sowie einen elektrischer Türöffner und eine entsprechende Beleuchtung der Schlösser für eine Öffnung bei Nacht aufweisen. Für Notlagen ist die Möglichkeit einer Notöffnung vorzuhalten (OLG Karlsruhe, 9. 12.2014, 9a U 8/14).

Ist der Verlauf des Wegs über fremden Grund nicht fixiert, muss der Berechtigte die Strecke so aussuchen, dass er den Eigentümer so wenig wie möglich beeinträchtigt (BGH, 30.4.1965, V ZR 17/63, WM 1965, 1009).

3.7.3 So erreichen Sie eine Änderung des Wegerechts

Ist die Strecke über das Nachbargrundstück festgelegt, kann der Nachbar auf seine Kosten die Verlegung des bisherigen Wegs an eine andere, für den Berechtigten ebenso geeignete Stelle verlangen, wenn dies für ihn weniger störend ist (§ 1023 BGB). Wurde die vorherige Strecke allerdings als Inhalt der Grunddienstbarkeit festgelegt und im Grundbuch eingetragen, stellt deren Verlegung eine Änderung des dinglichen Rechts dar, für die eine Einigung der Beteiligten und Eintragung im Grundbuch erforderlich ist (BGH, 7.10.2005, V ZR 140/04, NJW-RR 2006, 237). Ist der Wegeberechtigte nicht einverstanden, muss er auf Abgabe einer entsprechenden Willenserklärung verklagt werden.

3.7.4 Was Sie tun können, wenn Ihr Recht beeinträchtigt ist

Wird der Berechtigte in seinem Wegerecht behindert, kann er verlangen, Beeinträchtigungen zu beseitigen sowie zu erwartende Störungen zu unterlassen (§ 1004 BGB). Dasselbe Recht hat der Eigentümer, wenn der Wegeberechtigte seine Befugnisse überschreitet, zum Beispiel das Wegerecht nicht schonend ausübt.

3.8 Notwege und Notleitungen

Gehört Ihnen ein Grundstück in zweiter Reihe, kann es sein, dass Sie über das straßenseitige Anwesen müssen, um zur öffentlichen Straße zu gelangen und Ihr Grundstück wirtschaftlich nutzen zu können. Am günstigsten ist dies für Sie dann, wenn zu Ihren Gunsten ein Geh- und Fahrtrecht über das Nachbargrundstück als Grunddienstbarkeit im Grundbuch eingetragen ist.

Hat der Nachbar die unentgeltliche Überfahrt über sein Grundstück aber womöglich nur jahrelang widerspruchslos geduldet, begründet dies nach der Rechtsprechung nur ein Leihverhältnis, das jederzeit ohne besonderen Grund gekündigt werden kann. Die an sich immer mögliche Kündigung verstößt nur dann ausnahmsweise gegen Treu und Glauben, wenn sie zur Unzeit ausgesprochen wird (OLG Köln, 23.9.1992, 11 U 213/92, NJW-RR 1992,1497).

Wurde zwischen den Nachbarn etwa, wie früher häufig praktiziert, nur eine mündliche Vereinbarung über ein Überfahrtrecht getroffen, lässt sich dies später oft nur schwer beweisen. Wird eine solche Vereinbarung schriftlich abgeschlossen, wirkt sie in der Regel nicht gegenüber Rechtsnachfolgern wie Grundstückserwerbern. Auch hier ist es immer besser, die entsprechende Grunddienstbarkeit im Grundbuch einzutragen.

Untersagt der Nachbar dem Eigentümer die Überfahrt über sein Grundstück, bleibt das Notwegrecht. Denn fehlt einem Grundstück die zur ordnungsgemäßen Benutzung notwendige Verbindung mit einem öffentlichen Weg, kann der Eigentümer von den Nachbarn verlangen, dass sie die Nutzung ihrer Grundstücke zur Herstellung der erforderlichen Verbindung dulden (§ 917 BGB). Das Notwegrecht endet, wenn die Verbindung zum öffentlichen Straßennetz, zum Beispiel durch Neubau, geschaffen wird. Können sich die Nachbarn nicht über die Richtung des Notwegs und den Umfang des Benutzungsrechts einigen, wird das Notwegrecht durch Urteil festgelegt (§ 917 Abs. 1 Satz 2 BGB). Ein Notwegrecht kann nicht in das Grundbuch eingetragen werden.

3.8.1 Notleitungsrecht

Die Vorschriften für das Notwegrecht gelten auch entsprechend für das sogenannte Notleitungsrecht. Dieses besteht, wenn einem Grundstück bedingt durch seine Lage die notwendige Verbindung zum öffentlichen Kanal- oder Versorgungsnetz für Strom, Gas, Fernwärme, Wasser, Abwasser oder Telefon fehlt und es deshalb nur durch eine Leitung, die über das Nachbargrundstück führt, versorgt werden kann (BGH, 30.01.1981, V ZR 6/80, NJW 1981, 1036).

3.8.2 Landesrecht geht vor

Die Bundesländer Baden-Württemberg, Brandenburg, Hessen, Rheinland-Pfalz, Saarland, Sachsen und Thüringen haben in ihre Nachbarrechtsgesetze spezielle Vorschriften über das Notleitungsrecht aufgenommen. Diese genießen dort Vorrang.

BEISPIEL: Der Beseitigungsanspruch

Führt durch das eigene Grundstück eine Abwasserleitung des Nachbarn, muss diese beseitigt werden, wenn sie einerseits nachträglich zu einer erheblichen Beeinträchtigung des betroffenen Grundstücks führt und andererseits ein anderweitiger Anschluss an die öffentliche Abwasseranlage möglich ist (OLG Frankfurt, 5.7.2005, 14 U 139/04, OLGR Frankfurt 2005, 934; LG Potsdam, 14.3.2014,1 S 48/12,GE 2014,743).

Ein Eigentümer, der die Inanspruchnahme seines Grundstücks durch einen Nachbarn, hier durch unterirdisch verlegte Leitungen, jahrzehntelang gestattet hat, verliert hierdurch nicht das Recht, die Gestattung zu widerrufen und anschließend seine Ansprüche aus § 1004 BGB geltend zu machen (BGH, 16.5.2014, V ZR 181/13, WM 2014, 1453). In dem vom BGH zu entscheidenden Fall verlegte ein Grundstücksnachbar im Jahr 1979 Stromleitungen über das angrenzende unbebaute Grundstück mit Zustimmung des damaligen Grundstückseigentümers. Eine dingliche Absicherung der Inanspruchnahme dieses Grundstücks durch Leitungen erfolgte nicht. Im Jahre 2011 verkaufte der Eigentümer sein Grundstück und der Käufer verlangte kurz darauf die Entfernung der verlegten Kabel. Der Bundesgerichtshof verurteilte den Grundstücksnachbarn, es zu dulden, dass der Grundstückseigentümer die auf seinem Grundstück verlegten Stromleitungen selbst entfernt. Zwar sei der Anspruch auf Beseitigung der Kabel nach § 1004 Abs. 1 BGB durch den Nachbarn verjährt. Der Grundstückseigentümer sei jedoch berechtigt, die Kabel selbst zu beseitigen. Denn die Verjährung des Beseitigungsanspruchs begründe kein Recht des Grundstücksnachbarn auf Duldung nach § 1004 Abs. 2 BGB. Eine Duldungspflicht ergebe sich weder aus dem Gesetz (§ 8 AVBEltV oder § 26 Abs. 1 LNRG-RP) noch mangels Bestellung einer Leitungsdienstbarkeit aus einem dinglichen Recht. Ebenfalls läge keine Duldungspflicht aus Vertrag vor. Denn etwaige vertragliche Vereinbarungen zwischen dem Verkäufer des Grundstücks und dem Grundstücksnachbarn seien für den Käufer nicht verbindlich. Schließlich sei auch keine Verwirkung eingetreten, weil die jahrzehntelange Nutzung des Grundstücks durch den Nachbarn mit Zustimmung des ursprünglichen Grundstückseigentümers erfolgte.

3.8.3 Entschädigung

Auch wenn Sie einen Notweg durch Ihr Grundstück dulden müssen, können Sie zumindest eine Entschädigung, eine sogenannte Notwegrente, dafür verlangen. Die Höhe bemisst sich nach der Minderung des Verkehrswerts des gesamten Grundstücks infolge des Notwegs (BGH, 16.1.1990, V ZR 297/89 MDR 1991, 420). Im Streitfall wird sich die Höhe nur durch einen Sachverständigen ermitteln lassen. Ist keine Beeinträchtigung feststellbar, kann die Rentenzahlung ganz entfallen (LG Aachen, 13.5.1983, 6 S 44/83, ZMR 1983, 382). Zahlt der Notwegberechtigte hingegen nicht, kann ihn der Nachbar an der Ausübung des Notwegrechts auf seinem Grundstück hindern.

3.8.4 Herstellungs- und Unterhaltungskosten

Wer einen Notweg auf dem Nachbargrundstück beansprucht, muss diesen auf seine Kosten anlegen und unterhalten. Benutzt der duldungspflichtige Grundstückseigentümer den Notweg aber mit, muss er sich an den Kosten beteiligen (BGH, 12.12.2008, V ZR 106/07, NZM 2009, 253).

3.8.5 Wann Sie Anspruch auf einen Notweg haben

Unter folgenden Voraussetzungen kann ein Grundstückseigentümer einen Notweg über das Nachbargrundstück beanspruchen:

- zwischen Grundstück und öffentlichem Weg fehlt eine Verbindung
- eine Verbindung ist zur ordnungsgemäßen Benutzung notwendig
- der Eigentümer hat vom Nachbarn die Einräumung eines Notwegs verlangt

3.8.6 Der Eigentümer muss den Notweg verlangen

Der Eigentümer muss vom Nachbarn ausdrücklich verlangen, dass dieser ihm ein Notwegrecht einräumt, andernfalls entsteht kein Notwegrecht. Dieses Verlangen ist zwar an keine bestimmte Form gebunden, es muss aber klar zum Ausdruck bringen, was verlangt wird. Der Anspruch auf Einräumung eines Notwegs unterliegt dabei nicht der Verjährung.

Eigentümer sowie Erbbauberechtigte können einen Notweg verlangen, nicht aber Mieter, Pächter, Nießbraucher oder sonstige Grundstücksbesitzer. Diese dürfen den Weg jedoch mitbenutzen (BGH, 5.5.2006, V ZR 139/05, DWW 2006, 288).

Hat ein Grundstück mehrere Eigentümer, können die Miteigentümer den Anspruch auf einen Notweg nur gemeinsam geltend machen (BGH, 7.7.2006, V ZR 159/05, ZMR 2007, 46).

3.8.7 Wann die notwendige Verbindung fehlt

Eine notwendige Verbindung zu einem öffentlichen Weg fehlt nach der Rechtsprechung nicht nur dann, wenn sie gar nicht vorhanden ist, sondern auch, wenn eine vorhandene Verbindung zur ordnungsgemäßen Benutzung nicht ausreicht (BGH, 12.12.2008, V ZR 106/07, MDR 2009, 374).

Straßen und Wege sind dann öffentlich, wenn sie nach den straßenrechtlichen Bestimmungen des Bundes oder des jeweiligen Bundeslandes dem öffentlichen Verkehr gewidmet sind.

Die ordnungsgemäße Nutzung des Notwegs muss sichergestellt sein. Welche Nutzung ordnungsgemäß ist, beurteilen die Gerichte nach Benutzungsart, Größe, Lage und Umgebung des eingeschlossenen Grundstücks sowie nach den jeweiligen Umständen des Einzelfalls (BGH, 15.4.1964, V ZR 134/62, WM 1964, 772).

Weil Notwege das Eigentum des Nachbarn erheblich einschränken, stellen die Gerichte an die Notwendigkeit eines Notwegs hohe Anforderungen. Es muss eine echte Notlage vorliegen. Der Grundstückseigentümer muss zunächst alle anderen vorhandenen oder möglichen Verbindungen prüfen, auch wenn dies für ihn umständlicher, weniger bequem oder kostspieliger ausfällt als die Inanspruchnahme des Nachbargrundstücks (OLG Karlsruhe, 28.7.2010, 6 U 105/08, Justiz 2010, 399). Die bloße Schwierigkeit oder Unbequemlichkeit der Benutzung einer vorhandenen Verbindung rechtfertigt daher einen Notweganspruch nicht (OLG Frankfurt, 10.03.1981, 8 U 219/80, MDR 1981, 932).

Dasselbe gilt für die bloße Wegeverkürzung oder Zeitersparnis durch einen Notweg. So können bloße Zeitverzögerungen bei der Benutzung einer an sich ordnungsgemäßen Zufahrtsmöglichkeit für Rettungsfahrzeuge keinen Anspruch auf einen Notweg begründen. Auch aus dem nachbarlichen Gemeinschaftsverhältnis ergibt sich nach dem OLG Köln keine Pflicht, zur Beschleunigung in Notfällen einen Weg über das Nachbargrundstück dauernd frei zu halten (OLG Köln, 4.11.1991, 2 W 160/91, NJW-RR 1992, 213).

BEISPIEL: Umbau statt Notwegrecht

Grenzt ein Grundstück an den öffentlichen Straßenraum an, befindet sich die Hauseingangstüre jedoch nicht an dieser Seite des Gebäudes, sondern an einer anderen, dem Grundstück des Nachbarn zugewandten Seite, steht dem Eigentümer ein Notwegrecht nur zu, wenn die Verlegung der Tür technisch unmöglich oder aus wirtschaftlichen Gründen unzumutbar ist (OLG Karlsruhe, 28.7.2010, 6 U 105/08, Justiz 2010, 399).

3.8.8 Notwegrecht für Fahrzeuge?

Das Notwegrecht umfasst das Begehen und eventuell auch das Befahren des Nachbargrundstücks. Nicht zulässig ist allerdings, Fahrzeuge auf dem Nachbargrundstück zu be- und entladen oder abzustellen.

3.8.9 Wann sich das Notwegerecht auch auf Fahrzeuge bezieht

Ist ein Wohngrundstück nur über einen Fuß- und Radweg über eine öffentliche Fläche erreichbar, muss der Nachbar dem Eigentümer ein Notwegrecht für Fahrzeuge einräumen, entschied der BGH. Denn nach Meinung der Bundesrichter gehört es zur ordnungsgemäßen Nutzung eines Grundstücks, dass es auch angefahren werden kann. Die Erreichbarkeit mit Fahrzeugen sei bei einem Wohngrundstück in der Regel notwendig, zum Beispiel für die Versorgung mit Energie, etwa die Lieferung von Heizöl oder Kohle, oder die Müllentsorgung. Ebenso gehöre zur ordnungsgemäßen Benutzung die Möglichkeit, sein Wohngrundstück mit dem eigenen Auto anfahren zu können. Dies gelte jedenfalls dann, wenn es wie hier nicht lediglich um das Abstellen von Fahrzeugen auf dem Grundstück, sondern um dessen Erreichbarkeit mit Fahrzeugen geht, so der BGH (BGH, 12.12.2008, V ZR 106/07, MDR 2009, 374).

Kein Notwegrecht erkennt die Rechtsprechung aber in der Regel dann an, wenn es nicht wie im entschiedenen Beispielsfall um die Erreichbarkeit eines Wohngrundstücks mit Kraftfahrzeugen geht, sondern ein Eigentümer lediglich zum Zwecke des Abstellens seines Autos direkt vor sein Wohnhaus oder in seine Garage fahren will. So hat ein Eigentümer keinen Notweganspruch, wenn in der Nähe eine Garage angemietet oder das Auto in benachbarten Straßen geparkt werden kann (OLG Schleswig, 9.7.2002, 3 U 131/00, MDR 2003, 25).

Bei gewerblich genutzten Grundstücken ist allerdings im Allgemeinen ein Befahren mit Kraftfahrzeugen notwendig.

3.8.10 Wann kein Notwegerecht besteht

Der Nachbar ist zur Duldung eines Notwegs nicht verpflichtet, wenn die bisherige Verbindung des Grundstücks mit dem öffentlichen Weg durch eine willkürliche Handlung des Eigentümers aufgehoben wird (§ 918 Abs. 1 BGB).

Willkürlich ist eine Maßnahme dann, wenn sie der ordnungsgemäßen Grundstücksbenutzung widerspricht und die gebotene Rücksichtnahme auf nachbarliche Interessen außer Acht lässt (BGH, 7.7.2006, V ZR 159/05, ZMR 2007, 46). Meistens ist dies die Bebauung des bisherigen eigenen Wegs.

Ein weiterer Ausschluss des Notwegrechts findet sich in § 918 Abs. 2 BGB. Veräußert ein Eigentümer einen Teil seines Grundstücks oder eines von mehreren ihm gehörenden Grundstücken, kann dadurch ein Grundstücksteil beziehungsweise ein Grundstück vom öffentlichen Straßennetz abgeschnitten werden. In diesem Fall gewährt das Gesetz allein ein Notwegrecht über den Grundstücksteil oder das Grundstück, über das bisher die Verbindung führte.

Musterbrief: Verlangen eines Notwegs

Heinz Müller
Blumengasse 7
21212 Musterstadt

[Datum]

Einrichtung eines Notwegs

Sehr geehrter Herr Müller,

während Ihr Grundstück unmittelbar an die Blumengasse angrenzt, liegt mein Grundstück in zweiter Reihe und hat keine eigene Anbindung zu einer öffentlichen Straße. Es ist im Süden, Westen und Norden von Ihrem Grundstück und im Osten vom Grundstück ______ [Straße] __ [Hausnummer] umschlossen. Bisher konnte ich die ______ [Straße] über das im Osten liegende Grundstück ______ [Straße] __ [Hausnummer] erreichen. Dessen Eigentümer hat aber nun angekündigt, dass er in einem Monat mit dem Bau folgenden bereits genehmigten Bauvorhabens beginnen wird: ______ .

Dies hat zur Konsequenz, dass ich den Zugang zur _____- [Straße] über dieses Grundstück verlieren werde und dann nur noch über Ihr Grundstück eine öffentliche Straße erreichen kann. Deshalb bin ich gezwungen, von Ihnen zu verlangen, mir einen Notweg über Ihr Grundstück einzuräumen.

Mit freundlichen Grüßen

[Unterschrift Nachbar]

3.9 Baulast

Ein Grundstückseigentümer kann sich durch Erklärung freiwillig gegenüber der Baubehörde zu einem sein Grundstück betreffenden Tun, Dulden und Unterlassen verpflichten. Solche als Baulasten bezeichneten öffentlich-rechtlichen Verpflichtungen sind in den Bauordnungen der meisten Bundesländer mit Ausnahme von Bayern und Brandenburg vorgesehen. Sie werden nicht ins Grundbuch, aber ins Baulastenverzeichnis eingetragen und wirken auch gegenüber einem Rechtsnachfolger des Baulastübernehmers wie einem Käufer des belasteten Grundstücks. In der Praxis werden Baulasten in erster Linie eingegangen, um die Erteilung einer sonst nicht zulässigen Baugenehmigung für ein Bauvorhaben auf dem Nachbargrundstück zu ermöglichen.

Beispiele für Baulasten

- Geh- und Fahrtrechte, Leitungsrechte
  Ein Grundstück in zweiter Reihe hat keine eigene Anbindung zu einer öffentlichen Straße und soll bebaut werden. Die Baugenehmigung setzt voraus, dass die Erschließung dauerhaft gesichert ist. Gestattet der Nachbar die Zufahrt sowie die Verlegung von Ver- und Entsorgungsleitungen über sein straßenseitiges Grundstück und wird dies durch Baulast öffentlich-rechtlich gesichert, kann die Baugenehmigung erteilt werden.
- Übernahme von Abstandsflächen
  Auf dem Baugrundstück kann für das beabsichtigte Bauvorhaben die vorgeschriebene Abstandsfläche nicht eingehalten werden. Der Nachbar kann erlauben, dass sich die fehlende Abstandsfläche auf sein Grundstück erstrecken darf und eine entsprechende Baulast übernehmen.
- Übernahme von erforderlichen Stellplätzen
  Kann der Bauherr auf dem eigenen Grundstück nicht die erforderliche Anzahl von KFZ-Stellplätzen nachweisen, kann der Nachbar gestatten, die fehlenden Stellplätze auf seinem Grundstück herzustellen, und eine entsprechende Baulast auf sein Grundstück eintragen lassen.

Die Baulast ist die Verpflichtung eines Grundstückseigentümers gegenüber dem Bauamt, aber nicht gegenüber dem begünstigten Nachbarn. Versperrt zum Beispiel der Nachbar die per Baulast gesicherte Zufahrt zum eigenen Grundstück, kann zwar die Baubehörde die Einhaltung der Baulast verlangen und notfalls mit Zwangsmitteln wie Bußgeldandrohung durchsetzen. Bleibt diese aber untätig, kann der Eigentümer selbst das Zufahrtsrecht nicht durchsetzen.

!

ACHTUNG: Die Baulast

Baulasten beschränken die Bebaubarkeit eines Grundstücks und können sich deshalb erheblich auf dessen Wert auswirken. Prüfen Sie deshalb vor einem Grundstückskauf — etwa durch Anfrage bei der Baubehörde —, ob Baulasten auf dem Kaufgrundstück bestehen und ins Baulastverzeichnis eingetragen sind. Sie müssen allerdings wissen, dass für die Richtigkeit des Baulastverzeichnisses im Unterschied zum Grundbuch kein öffentlicher Glaube besteht. Im Klartext: Ist im Baulastverzeichnis keine Baulast vermerkt, bedeutet das nicht immer, dass auch keine vorhanden ist.

Zur Regelung der privatrechtlichen Beziehungen zwischen den Nachbarn ist zu empfehlen, eine mit der Baulast inhaltsgleiche Grunddienstbarkeit zu bestellen (Näheres zu Grunddienstbarkeiten im entsprechenden Kapitel).

3.10 Hammerschlags- und Leiterrecht

Können Sie die Grenzwand Ihres Hauses nur vom Nachbargrundstück aus reparieren und neu verputzen, gibt Ihnen das Hammerschlags- und Leiterrecht unter bestimmten Vorgaben die Befugnis, das Nachbargrundstück zu betreten.

Ausdrücklich geregelt ist das Hammerschlags- und Leiterrecht in den Nachbarrechtsgesetzen folgender Bundesländer:

- Baden-Württemberg § 7c
- Bayern Art 46 b BayAGBGB
- Berlin §§ 17, 18
- Brandenburg §§ 23, 24
- Hessen §§ 28, 29
- Niedersachsen §§ 47, 48
- Nordrhein-Westfalen §§ 24, 25
- Rheinland-Pfalz §§ 21—25
- Saarland §§ 24—26

- Sachsen § 24
- Sachsen-Anhalt §§ 18–20
- Schleswig-Holstein §§ 17–19
- Thüringen §§ 21–25
- Hamburg § 74 der Bauordnung

Sie müssen im Einzelfall immer die Landesvorschriften Ihres Bundeslandes beachten.

TIPP: Das Fehlen einer gesetzlichen Regelung

Wenn eine landesgesetzliche Regelung fehlt wie in Bremen und Mecklenburg-Vorpommern, ergibt sich das Hammerschlags- und Leiterrecht aus dem nachbarlichen Gemeinschaftsverhältnis.

3.10.1 Was wird durch das Hammerschlags- und Leiterrecht geregelt?

Das Hammerschlags- und Leiterrecht kann für Bau-, Instandsetzungs- und Unterhaltungsarbeiten an eigenen baulichen Anlagen wie etwa Wohnhäusern, Grenzgaragen oder Einfriedungsmauern in Anspruch genommen werden. In der Praxis geht es hier meistens um das Ausbessern, Verputzen und Malern einer Grenzwand.

Während Reinigungsarbeiten an Fassaden zur Gebäudeunterhaltung gehören, sind routinemäßige Reinigungsarbeiten wie Fensterputzen dagegen nur dann vom Hammerschlags- und Leiterrecht gedeckt, wenn sie in den Landesgesetzen ausdrücklich genannt sind wie in Rheinland-Pfalz, Sachsen und Thüringen.

Zur Durchführung der Arbeiten darf der Bauherr auf dem Nachbargrundstück Leitern und Gerüste aufstellen sowie Baumaterialien und Baugeräte über das Nachbargrundstück transportieren. Für den An- und Abtransport darf er das Nachbargrundstück gegebenenfalls auch mit Fahrzeugen befahren. Ebenso ist das zeitweise Herüberragen des Schwenkauslegers eines Drehkrans vom Hammerschlags- und Leiterrecht umfasst (OLG Karlsruhe, 11.12.1991, 6 U 121/91, NJW – RR 1993, 91). Auch kann ein Recht zum Ausheben einer Baugrube auf dem Nachbargrundstück infrage kommen, etwa um eine Grenzwand zu errichten oder zu isolieren (BGH, 13.3.1980, III ZR 156/78, VersR 1980, 650; OLG Düsseldorf, 31.7.1991, 9 W 79/91, MDR 1992, 53).

Die Landesvorschriften einiger Bundesländer sehen vor, dass der Bauherr während der Bauarbeiten unter Umständen auch Materialien auf dem Nachbargrundstück lagern sowie Baumaschinen dort abstellen darf. Dies gilt in Bayern, Hessen, Niedersachsen, Nordrhein-Westfalen, Saarland und Schleswig- Holstein. Im Unterschied hierzu ist in Baden-Württemberg, Berlin und Brandenburg nur das Aufstellen von Baumaschinen, aber nicht das Lagern von Baumaterial gestattet.

3.10.2 Was Sie beachten müssen

Das Betreten und Benutzen des Nachbargrundstücks im Rahmen des Hammerschlags- und Leiterrechts unterliegt regelmäßig folgenden Voraussetzungen:

- Die bauliche Anlage, die errichtet, repariert oder instandgehalten werden soll, muss baurechtlich zulässig sein. Deshalb gibt es zum Beispiel kein Betretungsrecht für Schwarzbauten oder bauliche Anlagen, die vorgeschriebene Abstandsflächen nicht einhalten.
- Die beabsichtigten Arbeiten können anders überhaupt nicht oder nur mit unverhältnismäßig hohen Kosten durchgeführt werden.
- Die mit der Ausübung des Betretungs- und Benutzungsrechts für den Nachbarn verbundenen Nachteile und Belästigungen dürfen nicht unverhältnismäßig sein.
- Der Berechtigte muss sein Vorhaben dem betroffenen Nachbarn vorher anzeigen. Dabei hat er Art und Umfang der geplanten Inanspruchnahme des Grundstücks mitteilen.

Dem Nachbarn soll durch die Ankündigung des Vorhabens Gelegenheit gegeben werden, schadensmindernde Vorkehrungen zu treffen und etwaige Einwände vorzubringen. Die Landesgesetze schreiben hierbei für die Anzeige unterschiedliche Mindestfristen vor, zwei Wochen vor Beginn der geplanten Arbeiten in Baden-Württemberg, Hamburg, Hessen, Rheinland-Pfalz, Saarland und Thüringen. Dagegen hat die Anzeige in Bayern, Niedersachsen, Nordrhein-Westfalen, Sachsen und Sachsen-Anhalt mindestens einen Monat und in Berlin und Schleswig Holstein sogar mindestens zwei Monate vor Beginn der beabsichtigten Arbeiten zu erfolgen. Auch wenn nicht alle Landesgesetze für die Anzeige die schriftliche Form vorschreiben, sollten Sie diese aus Beweisgründen immer schriftlich abfassen.

TIPP: So kommen Sie zu Ihrem Recht

Sind die Voraussetzungen des Hammerschlags- und Leiterrechts erfüllt, muss der Nachbar das Betreten und Benutzen seines Grundstücks hinnehmen. Die Duldungspflicht trifft neben dem Eigentümer auch Nutzungsberechtigte des

Nachbargrundstücks wie etwa Mieter oder Pächter. Verweigert der Nachbar unberechtigt den Zutritt, dürfen Sie sein Grundstück allerdings nicht einfach gegen seinen Willen betreten. Vielmehr müssen Sie Ihr Recht gerichtlich durchsetzen, indem Sie einen Duldungstitel gegen ihn erwirken. Andernfalls droht Ihnen eine Klage des Nachbarn auf Unterlassung der Besitzstörung.

3.10.3 Rücksichtnahme ist Trumpf: die schonende Ausübung

Der Bauherr muss sein Recht möglichst schonend ausüben. So hat er die Arbeiten zügig durchzuführen und darf nicht zur Unzeit arbeiten. Von einer Unzeit wäre etwa dann auszugehen, wenn der Nachbar den beanspruchten Platz für eigene Bauarbeiten benötigt oder dort gerade ein Gemüsebeet angepflanzt hat. Bei verfeindeten Nachbarn kann es zur schonenden Ausübung gehören, das das Recht nicht persönlich, sondern durch einen Dritten ausgeübt wird (AG Ludwigsburg, 3.2.2010, 1 C 2138/09, DWW 2010, 191).

3.10.4 Schadensersatz und Nutzungsentschädigung

Entstehen durch die Inanspruchnahme des Nachbargrundstücks Schäden, muss der Verursacher diese dem Nachbarn ersetzen. So hat er das in Anspruch genommene Grundstück wieder in den ursprünglichen Zustand zu versetzen und auch Folgeschäden zu erstatten. Machen Mieter des Nachbarn wegen der Beeinträchtigungen durch die Bauarbeiten Mietminderung geltend, muss der Bauherr die Mietausfälle erstatten. Der Schadensersatzanspruch besteht unabhängig von einem Verschulden des bauenden Nachbarn.

Die Landesgesetze sehen vor, dass der duldungspflichtige Nachbar vor Beginn der Arbeiten eine Sicherheit, das könnte eine Bankbürgschaft sein, verlangen kann. Erst nach Erbringung der Sicherheit, muss der Nachbar die Bauarbeiten auf seinem Grundstück dulden. Bei längerer Inanspruchnahme des Nachbargrundstücks sehen die meisten Landesgesetze eine Nutzungsentschädigung vor.

Musterbrief: Anzeige des Hammerschlags- und Leiterrechts

Heinz Müller
Blumengasse 7
21212 Musterstadt

[Datum]

Recht, Ihr Grundstück wegen Bauarbeiten zu betreten

Sehr geehrter Herr Müller,

mein Grundstück ______ [Straße] __ [Hausnummer] in _____ [Ort] grenzt direkt an Ihr Grundstück Blumengasse 7 an. Ich plane vom ____bis ____ die Außenwand meines Hauses auszubessern, neu zu verputzen und zu streichen. Weil das Haus direkt an der Grenze steht, müssen zwei Mitarbeiter der von mir beauftragten Firma hierfür Ihr Grundstück betreten und ein Baugerüst im Bereich der Gebäudewand auf einer Breite von einem Meter aufstellen. Die Baufirma ist angewiesen, Schäden auf Ihrem Grundstück und sonstige Beeinträchtigungen für Sie, zum Beispiel durch Lärm, zu vermeiden. Der Boden im Bereich der Hauswand wird fachmännisch abgedeckt. Sollten dennoch Schäden verursacht werden, werden diese selbstverständlich behoben und der ursprüngliche Zustand Ihres Grundstücks wird wieder hergestellt. Die Arbeiten dauern zwei Wochen.

Mit freundlichen Grüßen

[Unterschrift Nachbar]

3.11 Betretungsrechte

Wer das Nachbargrundstück betreten will, sei es um hinüberragende Zweige zurückzuschneiden oder einen über den Zaun gefallenen Ball zu holen, muss den Nachbarn grundsätzlich um Erlaubnis fragen. Schließlich bedeutet das Betreten von fremdem Grund und Boden einen erheblichen Eingriff in das Eigentumsrecht. Verweigert der Eigentümer den Zutritt, muss er das Betreten seines Grundstücks in bestimmten Fällen dennoch dulden, nämlich dann, wenn ein Betretungsrecht besteht. Beispiele hierfür sind:

- Ein Eigentümer kann die Benutzung seines Grundstücks einem Dritten unentgeltlich oder durch schuldrechtlichen Vertrag wie einen Miet- oder Pachtvertrag gestatten.

- Ein Betretungsrecht kann sich aus einem Notstand (§ 904 BGB) ergeben, wenn eine bestehende Gefahr nur durch das Betreten des Nachbargrundstücks abzuwenden ist, zum Beispiel wenn nur vom fremden Grund aus ein umsturzgefährdeter Baum sachgerecht gefällt werden kann oder die Abstützung einer einsturzgefährdeten Mauer möglich ist. Allerdings setzt dies voraus, dass der drohende Schaden unverhältnismäßig größer ist als der Schaden, der dem Nachbarn durch das Betreten entsteht. Ein durch das Betreten entstehender Schaden ist zu ersetzen.
- Ist im Grundbuch ein Geh- und Fahrtrecht als Grunddienstbarkeit eingetragen, berechtigt dies zur Inanspruchnahme von fremdem Grund (Näheres hierzu im Kapitel „Grunddienstbarkeiten").
- Die Benutzung kann aufgrund eines Notwege- oder Notleitungsrechts erfolgen (siehe hierzu das Kapitel „Notwege und Notleitungen").
- Ein Betretungsrecht kann sich aus dem nachbarlichen Gemeinschaftsverhältnis oder aus dem in den Nachbarrechtsgesetzen der Länder geregelten Hammerschlags- und Leiterrecht ergeben (siehe hierzu das gleichnamige Kapitel)
- Jeder Wohnungseigentümer ist verpflichtet, das Betreten und die Benutzung seines Sondereigentums zu erlauben, soweit dies zur Instandhaltung und Instandsetzung des gemeinschaftlichen Eigentums erforderlich ist (§ 14 Wohnungseigentumsgesetz).

! ACHTUNG: Selbsthilfe ist nicht gestattet

Besteht ein Betretungsrecht und verweigert der Nachbar unberechtigt den Zutritt, dürfen Sie sein Grundstück nicht einfach betreten, sondern müssen Ihr Zutrittsrecht notfalls gerichtlich durchsetzen. Denn ein Selbsthilferecht gegen den Willen des Nachbarn besteht nur bei einem Notstand. Andernfalls können Sie sich wegen Hausfriedensbruch strafbar machen.

3.12 Fenster- und Lichtrecht

3.12.1 Fensterrecht

Die landesgesetzlichen Vorschriften über das Fensterrecht regeln, ob und wie ein Grundstückseigentümer Fenster, Balkone und ähnliches mit Sicht auf das Nachbargrundstück anbringen darf. Intention des Fensterrechts ist es, den Nachbarn vor Beeinträchtigungen durch Einsichtnahme, Lärm, Gerüche und ähnlichem zu schützen.

Regelungen zum Fensterrecht gibt es in den Nachbarrechtsgesetzen von Baden-Württemberg, Bayern, Brandenburg, Hessen, Niedersachsen, Nordrhein-Westfalen, Rheinland-Pfalz, Saarland, Schleswig-Holstein und Thüringen.

In den Landesgesetzen sind für Fenster Mindestabstände zur Grenze des Nachbargrundstücks vorgeschrieben. Nach den meisten Landesregelungen dürfen die Mindestabstände nur mit Zustimmung des Nachbarn unterschritten werden. Wer nicht gefragt wurde, kann unter Umständen die Beseitigung des Fensters verlangen.

! **ACHTUNG: Verjährung droht**

Nur in Bayern verjährt der Anspruch aus dem Fensterrecht nicht (Art. 52 Abs. 1 Satz 1 AGBGB). In den anderen Ländern gibt es für die Geltendmachung des Fensterrechtsanspruchs Ausschlussfristen, nach deren Ablauf der Anspruch erlischt, also nichts mehr zu machen ist.

3.12.2 Lichtrecht

Beim Lichtrecht geht es darum, dass Fenster vom Nachbarn nicht verbaut werden und ihm dadurch Licht entzogen wird. Landesgesetzliche Regelungen zum Lichtrecht gibt es aber nur in einigen Nachbarrechtsgesetzen.

• **TIPP: So behalten Sie ihre unverbaute Aussicht**

Sie können sich für alle Zeiten eine freie Aussicht sichern, wenn Sie sich mit dem Nachbarn über die Bestellung einer Grunddienstbarkeit einigen, in der die zulässige Höhe und der einzuhaltende Grenzabstand von Gebäuden auf dem Nachbargrundstück festgelegt werden.

3.13 Gefahrdrohende Anlagen

Errichtet Ihr Nachbar eine Anlage wie zum Beispiel ein Taubenhaus und ist absehbar, dass es dadurch zu Beeinträchtigungen für Ihr Grundstück kommen wird, kann es zweckmäßig sein, bereits dagegen vorzugehen, um etwaige spätere Belästigungen zu vermeiden.

Gehen von Bauwerken oder anderen künstlich geschaffenen Anlagen, die von gewisser Dauer und Selbstständigkeit sind, Gefahren aus, spricht man von sogenannten gefahrdrohenden Anlagen (§ 907 BGB).

3.13.1 Beispiele für gefahrdrohende Anlagen

Bauwerke, künstliche Teiche, Gräben oder Kanäle, die übel riechendes Wasser enthalten, Erdaufschüttungen oder Dämme, die in Bewegung geraten können, Schweineställe, Taubenschläge, ortsfeste Bienenstöcke, schwer zu bewegende Maschinen oder auch gemauerte Gartengrills — das alles sind Beispiele für gefahrdrohende Anlagen.

Ein Eigentümer kann verlangen, dass auf Nachbargrundstücken keine Anlagen hergestellt oder gehalten werden, von denen er sicher befürchten muss, dass diese beziehungsweise deren Benutzung sein Grundstück beeinträchtigen werden. Damit kann erreicht werden, dass die Anlage erst gar nicht gebaut wird oder — falls bereits vorhanden — wieder beseitigt werden muss. Dies können der Eigentümer sowie andere dinglich Berechtigte wie etwa der Nießbraucher, nicht aber Mieter oder Pächter, verlangen. Dazu verpflichtet ist derjenige, der die Anlage errichtet oder unterhält.

Entspricht die Anlage allerdings den landesrechtlichen Vorschriften, die einen bestimmten Grenzabstand oder sonstige Schutzmaßregeln vorschreiben, kann der Nachbar deren Beseitigung erst verlangen, wenn die Störungen bereits eingetreten sind.

Um eine unzulässige Einwirkung handelt es sich zum Beispiel, wenn Sandmassen von einer Deponie auf ein benachbartes Grundstück geschwemmt werden, aber auch bei der Zuführung von Gasen, Dämpfen, Gerüchen, Rauch, Ruß, Wärme und ähnlichen Einwirkungen (§ 906 BGB), wenn dadurch die Benutzung des Nachbargrundstücks wesentlich beeinträchtigt wird.

Ist die unzulässige Einwirkung noch nicht eingetreten, muss sie mit Sicherheit voraussehbar sein. Nicht ausreichend ist also, wenn sie nur möglich oder wahrscheinlich ist.

3.14 Gefahr des Gebäudeeinsturzes

Droht einem Grundstück Gefahr durch den Einsturz des baufälligen Nachbargebäudes oder durch die Ablösung von Teilen davon wie etwa Dachziegel, kann der Eigentümer verlangen, dass der Nachbar schon vorbeugend Schutzvorkehrungen trifft, damit es gar nicht erst zu Schäden kommt (§ 908 BGB). Welche Vorkehrungen er zur Gefahrabwendung ergreift, bleibt ihm überlassen.

Ist es durch den Einsturz des Gebäudes, Werks oder der Ablösung von Teilen davon bereits zu einem Schaden gekommen, haftet der Besitzer des Grundstücks, von dem der Schaden ausging (§ 836 BGB). Die Ersatzpflicht ist allerdings dann ausgeschlossen, wenn er die nötigen schadensverhütenden Maßnahmen ergriffen hat und auch seiner Pflicht zur regelmäßigen Kontrolle nachgekommen ist (vgl. Kapitel „Sturmschäden“).

3.15 Grundstücksvertiefungen und Bodenerhöhungen

3.15.1 Grundstücksvertiefung

Wird ein Grundstück für eine Baugrube ausgeschachtet, kann dies eine Gefahrenquelle für angrenzende Grundstücke darstellen. Zwar darf jeder Eigentümer sein Grundstück grundsätzlich vertiefen. Allerdings darf hierdurch der Boden des Nachbargrundstücks nicht die erforderliche Stütze verlieren, ohne dass für eine genügende anderweitige Befestigung gesorgt ist (§ 909 BGB). Nachbargrundstück ist nicht nur das direkt angrenzende Grundstück, sondern jedes, auf dessen Boden durch die Vertiefung eingewirkt wurde. So gingen die Gerichte zum Beispiel von einer Vertiefung aus, wenn

- im Zuge von Bauarbeiten ein Hang abgegraben wird (BGH, 26.1.1996, V ZR 264/94, MDR 1996,1010)
- der Untergrund durch das Gewicht eines Neubaus oder gelagerter Materialien zusammengepresst wird und dadurch das Bodenniveau auf dem Nachbargrundstück sinkt (BGH, 13.7.1965, V ZR 169/64, NJW 1965, 2099).
- durch Bauarbeiten oder Änderung der Kanalisationslage der Grundwasserspiegel gesenkt wird und dies die Festigkeit des nachbarlichen Bodens beeinträchtigt (BGH, 27.5.1987, V ZR 59/86, NJW 1987, 2810); dies gilt auch dann, wenn bereits wasserrechtliche Bewilligungen erteilt wurden (BGH, 20.12.1971, III ZR 110/69, MDR 1972, 306)
- ein Kellergeschoss abgerissen wird und dadurch der nachbarliche Boden in Bewegung gerät (BGH, 19.9.1979, V ZR 22/78, NJW 1980, 224).

Zulässig ist eine Vertiefung dann, wenn für eine genügende anderweitige Befestigung gesorgt ist. Das kann eine Böschung sein oder eine Stützmauer. Die notwendigen Schutzvorkehrungen muss der Vertiefende auf seinem eigenen Grundstück vornehmen. Er darf nicht ohne Erlaubnis des Nachbarn dessen grenzseitige Gebäudewand mit Beton unterfangen, um diese abzustützen. Andernfalls kann er sich schadensersatzpflichtig machen (BGH, 27.6.1997, V ZR 197/96, MDR 1997, 928).

Sind unzulässige Vertiefungsarbeiten zu erwarten, kann der Betroffene Unterlassung verlangen. Der Nachbar muss dann die Arbeiten entweder abbrechen oder diese weiterführen, wenn er für eine genügende anderweitige Befestigung sorgt.

Sind die Arbeiten bereits durchgeführt, kann Beseitigung verlangt werden, indem der Nachbar entweder den früheren Zustand wiederherstellt oder alternativ eine ausreichende andere Befestigung schafft.

Geltend machen kann so einen Anspruch der Eigentümer, der Erbbauberechtigte, der Nießbraucher sowie der Besitzer, etwa der Mieter oder Pächter. Anspruchsgegner sind der Eigentümer, der Besitzer und diejenigen, die mit der Ausführung beauftragt sind, zum Beispiel der Architekt und der Bauunternehmer (BGH, 12.7.1996, V ZR 280/ 94, NJW 1996, 3205).

Hat der Bauherr vorsätzlich oder grob fahrlässig das nachbarliche Grundstück beeinträchtigt, kann ein Schadensersatzanspruch bestehen (§§ 823 Abs. 2, 909 BGB). Dieser umfasst auch die Kosten für die Wiederherstellung der Standfestigkeit eines Hauses, die durch die nachbarliche Vertiefung verloren gegangen ist (BGH, 15.2.2008, V ZR 17/07, MDR 2008, 559). Befindet sich das betroffene Grundstück in einem schlechten Zustand, kann der Ersatzanspruch gekürzt werden, aber nicht schon allein deshalb, weil das Haus alt ist und daher eher zu Schäden neigt (OLG Düsseldorf, 28.6.1996, 22 U 19/96, NJW-RR 1997, 146).

! **ACHTUNG: Beachten Sie die Verjährungsfristen**

Der Abwehranspruch unterliegt nicht der Verjährung (§ 924 BGB) und kann deshalb auch noch Jahre nach dem schädigenden Ereignis von dem Nachbarn geltend gemacht werden. Dagegen verjähren Schadensersatzansprüche grundsätzlich drei Jahre ab Kenntnis von Schaden und Schädiger (§§ 195, 199 BGB).

3.15.2 Bodenerhöhungen

§ 909 BGB gilt nur für Grundstücksvertiefungen, aber nicht für Bodenerhöhungen wie Aufschüttungen, künstliche Dämme, Hügel oder erhöhte Terrassen und Auffahrten. Diese sind vom Nachbarn grundsätzlich hinzunehmen.

Aber auch durch Bodenerhöhungen kann das Nachbargrundstück beeinträchtigt werden, etwa wenn aufgeschüttete Erde oder Sand abrutscht oder durch Regen abgeschwemmt wird und so auf das Nachbargrundstück gelangt. Auch kann es sein, dass die Erhöhung einen Schatten wirft und dadurch eine Beeinträchtigung erzeugt.

Zum Schutz vor solchen Beeinträchtigungen haben viele Bundesländer Regelungen in ihren Nachbarrechtsgesetzen getroffen, so Baden-Württemberg, Berlin, Brandenburg, Niedersachsen, Nordrhein-Westfalen, Rheinland-Pfalz, Saarland, Sachsen, Sachsen-Anhalt, Schleswig-Holstein und Thüringen.

Diese Landesregelungen sehen etwa vor, dass mit der Bodenerhöhung entweder ein Grenzabstand einzuhalten ist oder wahlweise andere Maßnahmen ergriffen werden müssen, damit Erdreich nicht auf das Nachbargrundstück abrutschen kann. Damit kann die Errichtung einer Stützmauer oder das Anlegen einer Böschung gemeint sein.

3.16 Wasser vom Nachbargrundstück

3.16.1 Wild abfließendes Wasser

Fließt Regenwasser zum Nachbarn, kann auch dies zu Streitigkeiten führen. Um diese besser handhaben zu können, haben alle Bundesländer die Rechtsbeziehungen der Grundstücksnachbarn bei sogenanntem wild abfließendem Wasser landesgesetzlich geregelt. Hierzu zählen Niederschlagswasser wie Regen, Hagel, Schnee sowie Grundwasser, das auf einem Grundstück entspringt und außerhalb eines geregelten Wasserbetts verläuft.

Als Grundsatz gilt: Der Eigentümer eines Grundstücks muss nicht verhindern, dass das auf seinem Grundstück anfallende Niederschlagswasser auf ein tieferliegendes Grundstück abfließt (BGH, 18.4.1991, III ZR 1/90, NJW 1991, 2770).

Abwehransprüche des Nachbarn entstehen erst dann, wenn der Eigentümer den Wasserabfluss künstlich verändert oder verstärkt und dies zu Beeinträchtigungen der tiefer gelegenen Grundstücke führt. Dies ist etwa dann der Fall, wenn er durch Abtragen von Erdreich ein Gefälle zum Nachbargrundstück schafft und erst dadurch mehr Regenwasser dorthin fließt (OLG Koblenz, 27.1.1974, 1 U 557/73, MDR 1975, 403). In diesem Fall hat der Nachbar einen Unterlassungsanspruch (§§ 1004, 862 BGB). Im Einzelfall sind immer die Besonderheiten der Landesregelungen der jeweiligen Bundesländer zu beachten.

3.16.2 Traufwasser

Fallen Regen oder Schnee nicht direkt auf den Boden, sondern zunächst auf eine bauliche Anlage, etwa das Hausdach, spricht man von Traufwasser. Grundsätzlich darf dieses Traufwasser nicht auf das Nachbargrundstück gelangen, sondern es muss auf dem eigenen Grundstück gesammelt und entsorgt werden (§ 903 BGB). Geschieht dies nicht, ergeben sich daraus für den Nachbarn Abwehransprüche (§§ 1004, 862 BGB). Dies gilt auch dann, wenn das Wasser zum Beispiel wegen einer defekten Dachrinne zunächst auf das eigene Grundstück tropft und dann erst zum Nachbarn fließt. Viele Bundesländer haben spezielle Vorschriften über Traufwasser in ihre Landesgesetze aufgenommen, die im Einzelfall zu beachten sind.

BEISPIEL: Traufwasserentsorgung

Kann ein Regenfallrohr außergewöhnliche Niederschlagsmengen nicht aufnehmen und führt dies zu Schäden auf dem Nachbargrundstück, haftet der Eigentümer. Er muss dafür sorgen, dass das Traufwasser auch bei heftigen Regenfällen entsorgt wird (LG Paderborn, 14.3.1991, 5 S 19/91, ZMR 1991, 300).

3.16.3 Die sogenannte Einwirkung

Bewässert Ihr Nachbar seinen Garten und gelangt dadurch fein in der Luft zerstäubtes Wasser als Sprühnebel auf Ihr Grundstück, handelt es sich um eine Einwirkung im Sinne von § 906 BGB, gegen die Sie nur dann Abwehransprüche haben, wenn Sie dadurch wesentlich beeinträchtigt sind. Dasselbe gilt, wenn mit dem Wasser Schadstoffe wie Unkrautvernichtungsmittel auf angrenzende Grundstücke transportiert werden (BGH, 2.3.1984, V ZR 54/83, MDR 1984, 745).

Wird dagegen Wasser in konzentrierter Form, etwa als Wasserstrahl, auf das Nachbargrundstück geleitet, ergibt sich ein Abwehranspruch unmittelbar aus § 1004 BGB, wenn dies zu einer Beeinträchtigung führt, weil ihr Garten plötzlich knöcheltief unter Wasser steht.

3.17 Räum- und Streupflicht

Alle Jahre wieder beschäftigt die Räum- und Streupflicht Hauseigentümer und Mieter. Sie müssen Bürgersteige und Hauseingänge von Schnee und Eis befreien, damit Passanten, Bewohner und Besucher nicht gefährdet werden.

3.17.1 Wer muss räumen?

In der Regel müssen Grundstückseigentümer die Bürgersteige bei Schnee, Schneeglätte oder Eisbildung räumen und streuen. Zwar ist dies eigentlich Aufgabe der Städte und Gemeinden, aber die wälzen diese Pflicht meistens in entsprechenden Verordnungen und Satzungen auf den Grundstückseigentümer ab. In diesen ist auch vorgeschrieben, wann und in welchem Umfang zu räumen ist. Solche Verordnungen und Satzungen können bei der Stadt- oder Gemeindeverwaltung eingesehen werden.

3.17.2 Wann muss geräumt und gestreut werden?

An Werktagen, also auch am Samstag, müssen Bürgersteige in der Regel ab 7 Uhr und an Sonn- und Feiertagen ab 8 Uhr bis 20 Uhr so geräumt werden, dass zwei Fußgänger aneinander vorbeigehen können (BGH, 9.10.2003, III ZR 8/03, NJW 2003, 3622). Einzelheiten zu Beginn und Ende der Räum- und Streupflicht ergeben sich aus der jeweiligen lokalen Satzung. Gibt es am Grundstück keinen Bürgersteig, muss trotzdem ein ausreichend breiter Streifen für Fußgänger am Rand freigeschaufelt werden. Bis 20 Uhr am Abend muss so häufig Schnee geschippt werden, wie es erforderlich ist, um Gefahren zu verhüten. Auch der BGH entschied, dass dann, wenn es tagsüber immer wieder schneit oder es zu Eisglätte kommt, unter Umständen mehrmals am Tag Streuen und Fegen nötig ist (BGH, 27.11.1984, VI ZR 49/83, MDR 1985, 311). Wer außerhalb dieser Räum- und Streuzeiten zu Fall kommt und sich verletzt, kann keinen Ersatz verlangen. Die Gerichte haben entschieden, dass man zu dieser Zeit keine Verkehrssicherung mehr erwarten kann (OLG Koblenz, 28.3.2008, 5 U 101/08, VRR 2008, 186). Wer also morgens vor 7 Uhr das Haus verlässt, sollte besonders vorsichtig sein (OLG München, 1.10.2009, 1 U 3243/09, NZM 2010, 216).

Nur bei extremer Wetterlage, wie zum Beispiel während anhaltenden Schneefalls, kann auf wiederholte Streuversuche verzichtet werden, wenn diese als sinnlos zu erachten wären.

Hört es auf zu schneien, setzt die Streupflicht erst nach einer angemessenen Wartezeit wieder ein, in der der Verkehrssicherungspflichtige überprüfen kann, ob der Schneefall nur vorübergehend unterbrochen oder beendet ist. Außerdem ist ihm auch eine angemessene Frist zur Erfüllung der Räum- und Streupflicht einzuräumen. Wie lang diese ist, hängt von den Umständen des Einzelfalls ab, insbesondere wie stark es geschneit hat und wie groß die Fläche ist, die freigeschaufelt werden muss. In dem vom OLG Naumburg entschiedenen Fall konnte nicht erwartet werden, dass der Bürgersteig eine halbe Stunde nach Ende des Schneefalls bereits vollständig geräumt und gestreut war (OLG Naumburg, 6.10.1999, 12 U 144/99, MDR 2000, 520).

3.17.3 Wenn Mieter oder eine Firma räumen

Der Hauseigentümer muss die Räum- und Streupflichten nicht persönlich wahrnehmen: Vermieter können sie auch auf eine Servicefirma oder auf den Mieter übertragen. Allerdings bedarf es dafür einer eindeutigen Regelung im Mietvertrag. Die Pflicht kann auch formularmäßig in der Hausordnung auf den Mieter übertragen werden, wenn diese Bestandteil des Mietvertrags ist. Ist die Abrede wirksam, muss der Verpflichtete genauso für das Räumen und Streuen sorgen wie der Eigentümer. Wer berufs-, urlaubs- oder krankheitsbedingt verhindert ist, muss für eine Vertretung beim Räumen und Streuen sorgen. Hat der Eigentümer die Räum- und Streupflicht auf den Mieter übertragen, treffen ihn in regelmäßigen Abständen Kontroll- und Überwachungspflichten, ob der Mieter seiner Verpflichtung auch ordnungsgemäß nachkommt (LG Waldshut-Tiengen, 30.6.2000,1 O 60 00, RuS 2000, 501).

3.17.4 Wohin mit dem Schnee?

In Wintern, in denen viel Schnee fällt, stellt sich darüber hinaus häufig die Frage, wohin der ganze Schnee geschaufelt werden soll. Hierzu gibt es keine gesetzlichen Vorschriften. So darf der Schnee an den Straßenrändern gelagert werden. Denn mit geringen Beeinträchtigungen durch eine Verschmälerung der Fahrspuren beziehungsweise des Gehweges müssen sowohl die Straßen- als auch die Fußwegbenützer im Winter rechnen. Der von privaten Grundstücken weggeräumte Schnee darf aber weder auf anderem öffentlichen Grund und Boden noch auf nachbarlichen Grundstücken abgelagert werden.

3.17.5 Wer haftet bei Unfällen?

Rutscht ein Fußgänger auf einer nicht ausreichend geräumten und gestreuten Fläche aus, stürzt und nimmt Schaden, muss der Streupflichtige für diesen Schaden aufkommen. So muss er dem Geschädigten Heilungskosten und Verdienstausfall ersetzen und Schmerzensgeld zahlen. Hat er für solche Fälle durch eine Haftpflichtversicherung vorgesorgt, springt diese für ihn ein.

Verletzt sich der stürzende Fußgänger, muss der streupflichtige Hauseigentümer oder Mieter obendrein auch noch mit einer Anzeige wegen fahrlässiger Körperverletzung rechnen.

3.17.6 Mitverschulden des Geschädigten

Allerdings muss sich ein Fußgänger, der stürzt, möglicherweise ein Mitverschulden anrechnen lassen. Ist zu erkennen, dass eine Gehwegfläche nach einem Schneefall weder von Eis und Schnee geräumt noch mit abstumpfenden Mitteln bestreut wurde, hat der Benutzer des Weges Anlass zu gesteigerter Aufmerksamkeit und Vorsicht. Kommt er zu Fall, so spricht dies in der Regel dafür, dass er die gebotene Vorsicht außer Acht gelassen hat und ihm ein Mitverschulden anzurechnen ist (OLG Bremen, Urteil v. 21.8.2013, 3 W 20/13, MDR 2013, S. 1220). Ein Mitverschulden kann auch dann vorliegen, wenn im Bereich eines Grundstücks nur vereinzelte Glättestellen ohne erkennbare Anhaltspunkte für eine ernsthaft drohende Gefahr vorhanden sind, sodass nicht von einer allgemeinen Glättebildung auszugehen ist, die eine Streupflicht begründen könnte (BGH, Urteil vom 12.6.2012, VI ZR 138/11, MDR 2012, S. 910). Das Amtsgericht München hat entschieden, dass jemand, der erkennt, dass ein bestimmter Weg, zum Beispiel zur Mülltonne, stark vereist ist, diesen aber trotz eines zur Verfügung stehenden Ausweichweges benutzt und zu Fall kommt, keine Ansprüche gegen denjenigen hat, der hinsichtlich des vereisten Weges verkehrssicherungspflichtig gewesen wäre, da das eigene Mitverschulden etwaige Ansprüche ausschließt (AG München, Urteil v. 27.7.2012, 212 C 12366/12). Ein Mitverschulden kann auch anzunehmen sein, wenn dem Geschädigten eine gefahrlose Alternative zur Verfügung steht und er ohne besonderen Anlass in Kenntnis einer möglichen Glätte den Gehweg benutzt (OLG Brandenburg, Urteil v. 23. 7. 2013, 6 U 95/12, MDR, S. 1221).

3.17.7 „Betreten auf eigene Gefahr!“

Bringt der Eigentümer am Beginn seines Privatwegs ein Schild an mit der Aufschrift „Privatgrundstück, Parken verboten, Betreten und Befahren auf eigene Gefahr“, ändert dies nichts an seiner Räum- und Streupflicht. Allerdings kann ein solches Hinweisschild Anlass zu besonderer Vorsicht sein, weil der Betroffene die Warnung in Form des Schildes missachtet hat und so eventuell ein Mitverschulden angenommen werden kann (OLG Saarbrücken, 20.7.2004, 4 U 644/03 — 116, OLGR Saarbrücken 2004, 623).

3.18 Dachlawinen

Kommen bei einsetzendem Tauwetter Dachlawinen ins Rutschen, beschädigen parkende Autos oder verletzen gar Menschen, stellt sich die Frage, wer dann haftet.

Der Hauseigentümer muss zwar nicht grundsätzlich Dritte vor Dachlawinen schützen, er kann aber nach den örtlichen Bauvorschriften verpflichtet sein, Schneefanggitter anzubringen. Wer dies versäumt, haftet für durch Schneelawinen verursachte Schäden. Auch ohne ausdrückliche Verpflichtung muss der Eigentümer eventuell aufgrund seiner Verkehrssicherungspflicht Maßnahmen zum Schutz vor Schneelawinen ergreifen. So muss er Schneefanggitter montieren, wenn sein Haus in einer schneereichen Gegend liegt und wegen der Dachneigung bereits in der Vergangenheit häufig Dachlawinen herabstürzten (OLG Dresden, 17.7.1996, 8 U 696/96, WuM 1997, 377). In schneereichen Gebieten kommt eine Pflicht zur Anbringung von Schneefanggittern bereits bei Dächern mit großer Höhe und einer Neigung von mehr als 35 Grad in Betracht, während in schneeärmeren Gebieten eine solche Pflicht erst bei einer Dachneigung von 45 Grad anzunehmen ist (LG Ulm, Urteil v. 31.5.2006, 1 S 16/06, NJW-RR 2006, S. 1253). Das bloße Aufstellen von Warnschildern reicht dann nicht aus.

Wer hingegen Schneefanggitter montiert, ist auf der sicheren Seite. Dann müssen auch nicht zusätzlich Warnschilder aufgestellt oder der Gefahrenbereich abgesperrt werden. Letzteres kommt allenfalls noch infrage, wenn aufgrund der konkreten Wetterlage erhöhte Dachlawinengefahr besteht (AG München, 7.3.2008, AZ: 132 C 11208/08).

Aber auch Fahrzeughalter und Passanten müssen die Augen offen halten. Wird ein parkendes Auto von einer Dachlawine getroffen, trifft den Fahrzeughalter in der Regel zumindest eine Mitschuld. Denn bei starkem Schneefall oder Tauwetter muss er darauf achten, nicht im Gefahrenbereich zu parken.

3.19 Sturmschäden

Umgestürzte Bäume, herumfliegende Dachziegel – die Orkantiefs „Elon“und „Felix“ haben im Januar 2015 eine Schneise der Verwüstung hinterlassen. Es entstanden Sachschäden in Milliardenhöhe. Außerdem kündigen Meteorologen an, dass es aufgrund des Klimawandels in den nächsten Jahren noch mehr von diesen heftigen Stürmen geben wird. Viele Hauseigentümer stehen danach vor kleineren und größeren Schäden an ihrem Hausdach oder Auto. Aber wer haftet für diese und wann zahlt die Versicherung?

Richten vom Sturm entwurzelte oder geknickte Bäume Schäden auf dem Nachbargrundstück an, haftet der Eigentümer nicht in jedem Fall, sondern nur dann, wenn er diese nachweislich verschuldet hat. Dies setzt voraus, dass es für ihn erkennbar war, dass der Baum den nächsten Sturm nicht überstehen würde. Die Gerichte verlangen, dass der Eigentümer seiner Verkehrssicherungspflicht nachkommt, indem er seinen Baumbestand regelmäßig auf Krankheit und Schäden hin überprüft. Hierbei gelten Sichtkontrollen zweimal im Jahr, nämlich einmal in belaubtem und einmal in unbelaubtem Zustand, als ausreichend.

Eine weitergehende Untersuchung ist erst dann erforderlich, wenn Umstände vorliegen, die nach allgemeiner Erfahrung auf eine besondere Gefahr durch den Baum hinweisen. Dazu zählen hohes Alter, spärliche oder trockene Belaubung, dürre Äste, äußere Verletzungen, Wachstumsauffälligkeiten oder auch Pilzbefall.

! ACHTUNG: Kontrollieren Sie regelmäßig Ihren Baumbestand

Als Faustregel gilt: Je näher ein Baum an der Grundstücksgrenze steht, je größer und älter er ist und je stärker er bereits durch Krankheiten oder Umwelteinflüsse geschädigt ist, desto höher ist die von ihm für das Nachbargrundstück ausgehende potenzielle Gefahr und desto häufiger und intensiver müssen Sie Baumkontrollen durchführen (OLG Schleswig-Holstein, 9.11.1994, 12 U 22/93, MDR 1995, 148).

3.19.1 Wenn Sie sich unsicher sind, ziehen Sie einen Fachmann hinzu

Führen Sie Baumkontrollen sorgfältig durch und machen Sie sich Notizen. Bei Verdacht auf eine Gefährdung durch den Baum sollten Sie für eine weitergehende Untersuchung einen Fachmann hinzuziehen.

Hat der Eigentümer nun den Baum regelmäßig überprüft, und war nicht erkennbar, dass dieser den nächsten Sturm nicht überstehen wird, haftet er auch nicht. Im Klartext: Der Nachbar geht leer aus, wenn er nicht von einer eigenen Gebäude-, Hausrat- oder Kaskoversicherung Ersatz erhalten kann.

Allerdings ist der Eigentümer dann schadensersatzpflichtig, wenn er versäumt hat, die gebotenen Baumkontrollen durchzuführen, aber bei ordnungsgemäßer Prüfung erkennbar gewesen wäre, dass der nächste Sturm den Baum wegfegen würde und dies noch rechtzeitig hätte verhindert werden können.

3.19.2 Alte Bäume

Ebenso haftet der Eigentümer für Schäden durch umstürzende Bäume, die er schon längst hätte fällen müssen, weil sie bereits allein aufgrund ihres Alters nicht mehr standfest waren. Dies erst recht, wenn der Nachbar ihn zuvor auch noch mehrmals auf die von den Bäumen drohende Gefahr hingewiesen hat (BGH, 21.3.2003, V ZR 319/ 02, NJW 2003, 1732).

Der Eigentümer kann dem Geschädigten sogar auch dann zum Schadensausgleich verpflichtet sein, wenn er seine Bäume aufgrund einer Baumschutzsatzung gar nicht fällen durfte (BGH, 17.9.2004, V ZR 230/03, NJW 2004, 3701).

3.19.3 Straßenbäume

Für Bäume an öffentlichen Straßen im kommunalen Bereich ist die Gemeinde, für solche an Bundes- und Fernstraßen ein anderer Baulastträger verkehrssicherungspflichtig. Verursachen umstürzende Bäume oder abbrechende Äste Schäden, kommt eine Haftung des Straßenverkehrssicherungspflichtigen wegen Verletzung einer öffentlich-rechtlichen Verkehrssicherungspflicht infrage (§ 839 BGB, Art 34 GG).

Im Prinzip gilt hier nichts anderes als bei privaten Grundeigentümern. Auch Kommunen müssen grundsätzlich nur zweimal jährlich Sichtkontrollen durchführen und erst bei Krankheitssymptomen den Baum genauer prüfen. Allerdings stellen die Gerichte an die Fachkenntnisse von Gemeindebediensteten und den technischen Aufwand der Untersuchung in der Regel höhere Anforderungen als an Privatpersonen.

3.19.4 Schäden durch herabfallende Gebäudeteile

Wurden das Fahrzeug oder das Haus des Nachbarn durch herumfliegende Dachziegel getroffen, nehmen die Richter zunächst an, dass das Dach nicht richtig in Ordnung gehalten wurde. Entstandene Schäden muss der Hauseigentümer ersetzen (§ 836 BGB). Allerdings haftet der Eigentümer auch hier nur dann, wenn er das Dach nicht regelmäßig kontrolliert hat. So bekam ein Fahrzeughalter für sein durch herabfallende Dachziegel demoliertes Auto keinen Schadensersatz, weil der Hauseigentümer nachweisen konnte, dass er eine Dachdeckerfirma damit beauftragt hatte, das Dach alle drei Monate zu begehen und zu warten (OLG Düsseldorf, 20.12.2002, 22 U 76/02, MDR 2003, 630).

3.19.5 Welche Versicherung zahlt?

Wer gegen Sturmschäden umfassend gewappnet sein will, braucht eine Gebäude-, Hausrat-, Voll- oder Teilkaskoversicherung für eigene Schäden und eine Haftpflichtversicherung, falls er selbst für Schäden einstehen muss.

3.19.6 Gebäudeversicherung

Für Sturmschäden am Haus und damit fest verbundenen Teilen kommt die Gebäudeversicherung auf. In der Regel bietet sie Schutz gegen Sturm, Hagel, Feuer und Leitungswasser. Sie tritt immer dann ein, wenn ein abgeknickter Baum aufs Haus gefallen, das Dach abgedeckt oder der Schornstein umgestürzt ist.

! **ACHTUNG: Windstärke 8 als Richtwert**

Bevor die Versicherung zahlt, muss es allerdings heftig gestürmt haben und zwar mit mindestens Windstärke acht, also 62 bis 74 Stundenkilometern. Als Nachweis genügt in der Regel, dass eine Wetterstation am Schadenstag in der betreffenden Region solche Windgeschwindigkeiten gemessen hat.

3.19.7 Hausratversicherung

Geht es um Schäden an der Wohnungseinrichtung, kommt die Hausratversicherung ins Spiel. Sie springt ein, wenn vom Sturm zertrümmerte Fenster Möbel und Kleidung in den Innenräumen zerstört haben. Auch Folgeschäden eines Sturmschadens sind mitversichert, wenn zum Beispiel Regen in ein zuvor vom Sturm beschädigtes Hausdach oder ein zerbrochenes Fenster eindringt und dadurch die Einrichtung beschädigt wird.

3.19.8 Kaskoversicherung

Haben ein umgestürzter Baum oder ein abgebrochener Ast Ihr parkendes Auto zerbeult, erhalten Sie als Fahrzeughalter Ersatz von Ihrer Kaskoversicherung. Fährt allerdings ein unachtsamer Fahrer gegen einen vom Sturm entwurzelten Baum, zahlt nur die Vollkaskoversicherung. Denn diese deckt auch Schäden am eigenen Auto ab, die durch eigenes Verschulden verursacht werden.

TIPP: Dokumentieren Sie die Schäden

Sie sollten eingetretene Schäden möglichst schnell Ihrer Versicherung melden, indem Sie diese auflisten und durch Fotos und Filme dokumentieren. Um Folgeschäden, etwa durch eindringenden Regen, zu vermeiden, sollten Sie Löcher in Scheiben oder Dächern mit Planen zunächst provisorisch abdecken, bis der Gutachter der Versicherung die Schäden aufgenommen hat.

4 Das Baunachbarrecht

Dieses Szenario darf es nicht geben: Sie erwachen eines Morgens und blicken auf eine Baugrube auf dem Nachbargrundstück!

Darüber hätte Sie Ihr Nachbar vorher informieren müssen.

Es sollte schon im Interesse einer guten Nachbarschaft liegen, dass derjenige, der bauen will, seinen Nachbarn darüber unterrichtet – möglichst schon bevor die fertigen Pläne vorliegen. Im Idealfall sollten Sie als Nachbar frühzeitig in die Planungen einbezogen werden. Ihr Nachbar könnte Sie also zu sich einladen oder mit Ihnen zusammen im Büro des Architekten die Baumaßnahme besprechen. Solche vertrauensbildenden Maßnahmen kommen beiden Seiten zugute. Sie haben auch ein Recht darauf zu erfahren, wann die Arbeiten voraussichtlich beginnen werden und wie der zeitliche Ablauf aussehen soll.

Wer eine Baugenehmigung für sein Bauvorhaben braucht, muss die Eigentümer der benachbarten Grundstücke ohnehin um ihre Zustimmung bitten. Bei einer Wohnungseigentümergemeinschaft genügt der Bauherr seiner Informationspflicht, wenn er dem Verwalter die Pläne vorlegt. Dieser muss sich dann in einer Eigentümerversammlung die Zustimmung der anderen Wohnungseigentümer geben lassen. Dafür genügt ein einfacher Mehrheitsbeschluss, was allerdings nicht ausschließt, dass ein einzelner Wohnungseigentümer, der sich in seinen Rechten beeinträchtigt fühlt, später noch gegen das Bauvorhaben vorgehen kann.

4.1 Die Baugenehmigung

Grundsätzlich braucht derjenige, der eine bauliche Anlage auf seinem Grundstück errichten will, dafür eine Baugenehmigung. Allerdings enthalten die Bauordnungen der Länder unterschiedliche Anforderungen. So sieht etwa die Bayerische Bauordnung, die zum 1. Januar 2008 geändert wurde, vor, dass eine Reihe von Bauvorhaben jetzt gar keiner Genehmigung mehr bedarf. Ohne Genehmigung dürfen beispielsweise in Bayern Gewächshäuser, Terrassenüberdachungen oder Sonnenkollektoren angebracht werden.

4.1.1 Achten Sie auf die Landesbauordnung Ihres Bundeslandes

Sie können sich bei Ihrer örtlichen Baugenehmigungsbehörde erkundigen, ob Ihr Nachbar für sein Bauvorhaben eine Baugenehmigung nach der Landesbauordnung braucht. Ob und wie er bauen darf, ergibt sich meist aus dem Bebauungsplan, den die Gemeinde als Satzung beschließt. Baut er ohne die erforderliche Genehmigung, kann die Gemeinde später den Rückbau verlangen. Der Nachbar kann dann, wenn er durch das Vorhaben in seinen Rechten verletzt wird, nur bei der Bauaufsichtsbehörde einen Antrag auf Baueinstellung und bei dessen Ablehnung eine Einstweilige Anordnung beim Verwaltungsgericht beantragen. Dies gilt auch für Bauvorhaben, die keine Baugenehmigung brauchen.

Für den Bau eines Einfamilienhauses bleibt es aber dabei, dass der Bauherr einen Bauantrag bei der Gemeinde einreichen muss. Liegt das in Bayern geplante Gebäude etwa innerhalb des Geltungsbereichs eines qualifizierten Bebauungsplans, gilt das sogenannte Genehmigungsfreistellungsverfahren: Die Gemeinde entscheidet, ob ein Genehmigungsverfahren durchgeführt werden soll oder nicht. Äußert sie sich einen Monat lang nicht zum Bauantrag, kann der Bauherr mit dem Bau beginnen. Gibt es keinen qualifizierten Bebauungsplan oder verlangt die Gemeinde eine Baugenehmigung, prüft die Baugenehmigungsbehörde im vereinfachten Genehmigungsverfahren nur noch bauplanungsrechtliche Anforderungen, also zum Beispiel die Frage, ob sich das Vorhaben nach Art der Nutzung, Größe, Höhe und Lage des Bauwerks, der überbauten Fläche und der Bauweise städtebaulich in seine Umgebung einfügt.

Auch die Änderung einer baulichen Anlage bedarf einer Baugenehmigung, es sei denn, sie ist in der jeweiligen Landesbauordnung als genehmigungsfrei gekennzeichnet.

4.1.2 Bauplanungsrecht und Nachbarschutz

Die Festsetzung von Baugebieten durch einen Bebauungsplan hat nachbarschützende Funktion. So haben Sie auf die Bewahrung der festgesetzten Gebietsart, etwa als reines oder allgemeines Wohngebiet, als Nachbar auch dann einen Anspruch, wenn das Vorhaben noch nicht zu einer tatsächlich spürbaren Beeinträchtigung für Sie führt. Der Abwehranspruch entsteht bereits durch die baubehördliche Zulassung eines mit der Gebietsfestsetzung unvereinbaren Vorhabens. Dadurch so die Begründung der Richter, werde das nachbarliche Austauschverhältnis gestört und eine schleichende Verfremdung des Gebiets eingeleitet (BVerwG, 16.9.1993, 4 C 28/91, NJW 1994, 1546).

4.1.3 Der Bauvorbescheid

Der Bauherr kann auch zunächst einen Bauvorbescheid bei der Baugenehmigungsbehörde beantragen um zu klären, ob sein Bauvorhaben genehmigungsfähig ist. Dieser Bauvorbescheid bindet die Beteiligten. So muss sich die Gemeinde im Baugenehmigungsverfahren an ihre im Vorbescheid getroffene Beurteilung des Bauvorhabens halten. Die im Bauvorbescheid getroffenen Regelungen werden ohne weitere Prüfung in die Baugenehmigung übernommen. Da es sich um einen formellen Bescheid handelt, kann der betroffene Nachbar auch gegen den Bauvorbescheid juristisch vorgehen.

4.1.4 Die Nachbarunterschrift

Ihr Nachbar sollte schon während seiner Planungsphase auf Sie zukommen und Sie fragen, ob Sie mit dem Bauvorhaben einverstanden sind. Vor allem dann, wenn kein Bebauungsplan vorliegt und der Bauherr von der Nachbarschaftsbebauung abweichen will, braucht er Ihre Zustimmung.

4.1.5 Zustimmung heißt Verzicht

Wenn Sie die Baupläne unterschreiben, sollten Sie sich darüber im Klaren sein, was dies bedeutet, nämlich nicht nur, dass Sie mit dem Bauvorhaben einverstanden sind. Sie verzichten auch automatisch auf Ihre Rechte, der Baugenehmigung zu widersprechen oder sie anzufechten.

Es ist also immer besser, sich nicht vom Bauherren zur Unterschrift drängen zu lassen, nur weil sich dieser auf die „gute Nachbarschaft" beruft oder versucht, die Angelegenheit als „Bagatelle", „reine Formsache" oder dergleichen darzustellen. Vielmehr wird Ihre Unterschrift als Zustimmung zum Bauvorhaben gewertet. Sie können sich dann gegen das Bauvorhaben nicht mehr wehren, wenn der Bauherr die Abstandsflächen nicht einhält oder sich der Bau nicht in die vorhandene Bebauung einfügt.

Zwar hat die Unterschrift grundsätzlich keinen Einfluss auf die Erteilung der Baugenehmigung. Den Bau genehmigt die Behörde immer dann, wenn er mit öffentlich-rechtlichen Vorschriften übereinstimmt. Entscheidet die Behörde allerdings hinsichtlich des Nachbarn falsch, sind diesem — wegen seiner Unterschrift unter den Bauantrag - alle Anfechtungsmöglichkeiten genommen. Sie sollten daher Ihre

Unterschrift in keinem Fall vorschnell leisten, sondern allenfalls nach ausführlicher tatsächlicher und rechtlicher Überprüfung des Bauvorhabens und eingehender Rücksprache mit der Genehmigungsbehörde.

Die Unterschrift hat noch weitere nachteilige Folgen für Sie: Sie führt dazu, dass die Behörde Sie nicht mehr über die erteilte Baugenehmigung unterrichten muss. Ob gebaut werden darf, erfahren Sie somit erst, wenn die Bagger anrücken. Beim geringsten Zweifel sollten Sie daher die Unterschrift nicht leisten. Dies empfiehlt sich schon deshalb, weil Nachbarn nicht selten mit der Bitte um Unterschriftsleistung überrumpelt werden und erst später, etwa durch Gespräche im Familienkreis oder mit fachkundigen Dritten erkennen, dass sie das Bauvorhaben doch beeinträchtigt. Wer dagegen seine Unterschrift von vornherein nicht erteilt, schadet damit weder dem Nachbarn — da die Baugenehmigung unabhängig von seiner Unterschrift erteilt wird — noch sich selbst.

BEISPIEL: Die Folgen Ihrer Unterschrift

Wie sich eine vorschnelle Unterschrift später negativ auswirken kann, zeigt ein Urteil des BayVerwGH (3. November 2005, 2 BV 04.1756, BayVBl 2006, 246). Einen bestehenden Rinderstall wollte der Eigentümer anders nutzen. Die Nachbarn hatten vorbehaltlos sämtliche ihnen vom Bauherren vorgelegten Bauvorhaben unterschrieben. Der Bauherr reichte diese Unterlagen beim Landratsamt ein. Als es sich die Nachbarn anders überlegten und ihre Unterschrift rückgängig machen wollten, war es zu spät. Mit der Entscheidung des Großen Senats wurde damit eine bislang widersprüchliche Rechtsprechung geklärt, die teilweise der Auffassung war, dass die Nachbarn noch bis zum Erlass der Baugenehmigung ihre Zustimmung zurücknehmen könnten. Auch für den juristischen Laien sei erkennbar, so das Gericht, dass er mit seiner vorbehaltlosen Unterzeichnung der Bauvorlagen eine Erklärung abgibt, an die er prinzipiell gebunden ist.

4.1.6 Die Abstandsflächen zum Nachbarn

Während manche Landesbauordnungen vorsehen, dass die Baugenehmigungsbehörde im Baugenehmigungsverfahren überprüft, ob der Abstand zum Nachbargrundstück durch die geplante Bebauung eingehalten wird, ist dies beispielsweise in der novellierten Bayerischen Bauordnung nicht mehr der Fall. Dies ist nun Sache des Architekten beziehungsweise des Bauherren. Ist dem Bauherren bekannt, dass er die Abstandsflächen auf Kosten des Nachbarn in Anspruch nehmen will, muss er mit ihm eine sogenannte Abstandsflächenübernahme vereinbaren und als Dienstbarkeit ins Grundbuch eintragen lassen.

TIPP: Suchen Sie Rat bei einem Fachmann

Sie können auch auf einem Formblatt Ihren Verzicht auf die Einhaltung der Abstandsflächen erklären. Dies sollten Sie allerdings nicht tun, da es für Sie mit wirtschaftlichen Nachteilen verbunden ist. Lassen Sie sich bei der Planvorlage hinsichtlich der Abstandsflächen am besten von einem Fachmann beraten.

Wie groß der Abstand zum Nachbarn sein muss, steht im Bebauungsplan. In der Regel sind es mindestens 2,50 Meter. Den Bebauungsplan können Sie bei der Gemeinde einsehen und kopieren. Für sogenannte untergeordnete Bauteile wie Balkone, Erker oder Vorbauten können geringere Grenzabstände gelten. Ebenso für eine Garage: Sie darf auf die Grenze gesetzt werden, allerdings nur, wenn sie eine bestimmte Länge und Höhe nicht überschreitet. Die exakten Maße ergeben sich aus der jeweiligen Landesbauordnung. Wenn der Nachbar vorgegebene Grenzabstände unterschreitet, können Sie die als Baulast übernehmen, sollten dafür aber finanziell entschädigt werden, denn eine Baulast ist — wie es das Wort bereits ausdrückt — immer eine Belastung des jeweiligen Grundstücks.

4.2 Das Widerspruchsrecht des Nachbarn

Haben Sie die Baupläne Ihres Nachbarn nicht unterschrieben, unterrichtet Sie die Baugenehmigungsbehörde, wenn ein Bauantrag Ihres Nachbarn vorliegt. Innerhalb einer Frist von zwei Wochen können Sie diesen bei der Baubehörde einsehen und gegebenenfalls gegen die Baugenehmigung Widerspruch einlegen und klagen. Gegen den Bauvorbescheid beziehungsweise gegen die Baugenehmigung können Sie Widerspruch einlegen, wenn Sie durch das Vorhaben in Ihren Rechten verletzt werden. Sie haben dann mit Ihrem Widerspruch oder Ihrer Klage Erfolg, wenn der Bauherr baurechtliche oder nachbarschützende Vorschriften verletzt.

Nach dem Gesetz muss die Baugenehmigung dem betroffenen Nachbarn bekannt gegeben werden (§ 41 Abs. 1 VerwVerfG). Wollen Sie gegen die Baugenehmigung vorgehen, bleibt Ihnen dafür nur eine Frist von einem Monat. Nicht immer wird die Baugenehmigung dem Nachbarn aber zur Kenntnis gebracht. Dieser hat dann ein Recht zur Einsicht in die Bauakten des Vorhabens seines Nachbarn und mehr Zeit, Widerspruch einzulegen.

Fehlte die Belehrung über das Widerspruchsrecht ganz, haben Sie sogar ein Jahr Zeit, gegen den Bau zu klagen. Wird der Widerspruch von der Behörde abgewiesen, können Sie Klage vor dem Verwaltungsgericht erheben, sinnvollerweise begleitet von einem auf Baustopp gerichteten Eilverfahren, um vollendete Tatsachen zu verhindern.

4.2.1 Was sind nachbarschützende Vorschriften?

Die unter dem Oberbegriff „nachbarschützende Vorschriften" zusammengefassten Regelungen decken die verschiedensten Bereiche, die wir zum Teil auch schon behandelt haben. Zu ihnen zählen:

- Vorschriften über die Einhaltung von Abstandsflächen zu Gebäudeaußenwänden
- Vorschriften über die Standfestigkeit baulicher Anlagen
- Vorschriften über den Brandschutz
- Vorschriften über die Lage von Stellplätzen und Garagen
- Bestimmungen des § 5 Bundes-Immissionsschutzgesetz, wonach Anlagen so zu errichten sind, dass dadurch keine schädlichen Umwelteinwirkungen für die Allgemeinheit und die Nachbarschaft hervorgerufen werden können.

TIPP: Widerspruch schriftlich und gut begründet

Den Widerspruch müssen Sie schriftlich bei Ihrem zuständigen Bauamt erheben. Sie sollten ihn auch ausführlich begründen, um Ihre Chancen auf Erfolg zu erhöhen. Allerdings hat der Widerspruch keine aufschiebende Wirkung, die Baugenehmigung kann also auch trotz Ihres Widerspruchs vollzogen werden. Sie können dann aber entweder noch bei der Bauaufsichtsbehörde, bei der Widerspruchsbehörde oder beim Verwaltungsgericht einen Antrag auf Aussetzung der Vollziehung der Baugenehmigung stellen. Widerspruchsberechtigt und zur Klage befugt sind bei einer solchen Nachbarklage nur der Grundstückseigentümer beziehungsweise alle Miteigentümer. Dies gilt auch für Erbbau- oder Nießbrauchberechtigte, nicht aber für Mieter oder Pächter.

Manche Bundesländer, Bayern etwa, haben das Widerspruchsverfahren gegen eine Entscheidung der Verwaltungsbehörde abgeschafft. Sie sollten sich also bei Ihrer örtlichen Baugenehmigungsbehörde erkundigen, ob Sie noch einen Widerspruch einlegen oder gleich vors Verwaltungsgericht gehen müssen, wenn Sie gegen den Bescheid der Behörde vorgehen wollen. Während sich im Widerspruchsverfahren viele Streitfälle kostengünstig erledigen, wird in Bayern der Bürger in ein unter Umständen kostspieliges Gerichtsverfahren gedrängt. Will sich ein Nachbar gegen ein Bauvorhaben auf dem angrenzenden Grundstück zur Wehr setzen, muss er also gleich klagen, ohne voraussehen zu können, wie das Verfahren ausgehen wird. Die

Klage vor dem Verwaltungsgericht muss innerhalb eines Monats nach der Zustellung des Bescheids erhoben werden. Eine Frist, die kurz bemessen ist: Kontaktiert der Bauherr, wie dies nicht selten vorkommt, erst kurz vor dem Ablauf der Rechtsmittelfrist einen Rechtsberater, bleibt diesem häufig nur noch die Möglichkeit, zur Wahrung der Frist Klage einzureichen. Dies führt dann zu einer Klage ins Blaue, ohne dass der Nachbar eine nähere Prognose über seine Erfolgsaussichten erhält. Gleichzeitig wird er für seine Klage aber bereits mit einem Gerichtskostenvorschuss zur Kasse gebeten. Viele Nachbarn nehmen da lieber gleich einen missliebigen Bau auf dem Nachbargrundstück in Kauf und verzichten völlig auf ihr Widerspruchsrecht.

Begründet wird die Abschaffung des Widerspruchsverfahrens mit einer schnelleren Entscheidung für den klagenden Nachbarn.

4.2.2 Wo der Nachbarschutz nicht gilt

Auch wenn sich der Nachbar durch ein Bauvorhaben auf einem angrenzenden Grundstück subjektiv beeinträchtigt fühlt, kann er sich nicht in jedem Fall dagegen wehren. Soweit Baurechtsvorschriften keine nachbarschützende Wirkung zukommt, weil sie im öffentlichen Interesse bestehen, muss er die Baumaßnahme dulden. Dies können zum Beispiel Vorschriften des Natur- und Denkmalschutzes sein oder Regelungen, die die bauliche Gestaltung einer Anlage betreffen.

Selbst wenn durch das Bauvorhaben die freie Aussicht des Nachbarn genommen wird, kann sich dieser nicht gegen das Bauvorhaben wehren, es sei denn, eine Grunddienstbarkeit wäre davon betroffen.

BEISPIEL: Kein Recht auf unverbaubare Aussicht

Eine Gemeinde stellte im Ortsrandbereich einen Bebauungsplan auf. Das Plangebiet war bisher unbebaut und wurde zum Bauland erklärt. Ein Eigentümer, der nun am Rand des Neubaugebiets wohnte, klagte gegen den Bebauungsplan. Doch umsonst. Es gibt kein Recht auf eine schöne Aussicht, entschieden die Richter des BverwG am 22.8.2000, 4 BN 38.00, (BauR 2000, 1834). Niemand könne verlangen, dass ein fremdes Grundstück aus diesem Grund unbebaut bleibe.

Ebenso entscheiden die Gerichte, wenn es darum geht, Einsichtsmöglichkeiten auf das eigene Grundstück vom Nachbarn aus zu unterbinden: Weder ist eine Abwehr gegen Einsichtsmöglichkeiten durch einen Neu- oder Anbau gegeben noch gegen eine Verschattung durch einen Neubau.

Wird das Nachbargrundstück baurechtswidrig genutzt, kann der Nachbar ebenfalls nichts unternehmen. Das fällt in den Zuständigkeitsbereich der Bauaufsichtsbehörden, die dann von Amts wegen einschreiten.

Nicht einmal Krankheit oder Überempfindlichkeit der Nachbarn gelten als Gründe, die einen Widerspruch rechtfertigen. Ein nachbarrechtlicher Schutz besteht nur dann, wenn die Nachbarn objektiv beeinträchtigt werden.

4.3 Schäden durch Nachbars Bauarbeit

Natürlich muss ein Bauherr für Schäden, die seinem Nachbarn durch den Neu- oder Anbau entstanden sind, gerade stehen und diese auf seine Kosten beseitigen lassen. Im Gegenzug müssen Sie zustimmen, wenn Handwerker für die Arbeiten Ihr Grundstück betreten müssen. Kommt es durch den Bau zu Immissionen auf dem Nachbargrundstück, können Sie sich wehren, wenn das Ihnen zumutbare Maß überschritten wird. Bleibt die Behörde untätig, können Sie auch vor dem Verwaltungsgericht klagen. Häufig werden dann lärm- oder staubreduzierende Maßnahmen ergriffen oder sogar eine Baueinstellung verhängt.

BEISPIEL: Wer die Haftung für Schäden übernimmt

Um das Grundstück neu bebauen zu können, muss das alte Haus darauf abgerissen werden. Dabei entstehen am Haus des angrenzenden Nachbarn bauliche Schäden. In diesem Fall können Sie sich zumindest dann an dem dafür verantwortlichen Bauunternehmer schadlos halten, denn dieser haftet nach § 823 Abs. 1 BGB für Schäden, wenn er die notwendigen Sicherheitsvorkehrungen nicht getroffen hat (BGH, 26.9.1978, VI ZR 150/77, NJW 1979, 309). Wird auch das Kellergeschoss abgerissen, haben die am Bau Beteiligten nach § 909 BGB durch entsprechende technische Sicherungsmaßnahmen dafür zu sorgen, dass das Nachbarhaus nicht die notwendige Stütze verliert, also seine Standfestigkeit nicht beeinträchtigt wird. Andernfalls hat der geschädigte Nachbar einen Schadensersatzanspruch gegen den Grundstücksnachbarn, den auch bei Bauvergabe eine Überwachungspflicht trifft. Ebenfalls unter Umständen in der Haftung sind Architekt, Bauingenieur, Bauunternehmer, Statiker (BGH, 19.9.1979, V ZR 22/78, NJW 1980, 224).
Verlangen Sie Auskunft über das Bauvorhaben Ihres Nachbarn, bevor er damit beginnt und bevor Beeinträchtigungen und Schäden auftreten. Das ist besser, als dann später, nachdem vielleicht Risse an Ihrer Hauswand aufgetreten sind, vor Gericht um eine Entschädigung zu ringen.

Bodenverunreinigungen

Gelangen von einem Betriebsgrundstück aus Schadstoffe wie Öl oder chemische Stoffe auf das Nachbargrundstück, stellt sich die Frage, wie der betroffene Nachbar damit umgehen muss. Ein kontaminierter Boden zeigt sich zum Beispiel, wenn ein Neubau errichtet werden soll. Bestehen Altlasten, kann der Eigentümer das Grundstück erst nutzen, wenn er durch ein Bodengutachten nachweist, dass von den Ablagerungen keine Gefährdung mehr ausgeht. Der BGH hat hierzu entschieden, dass der Eigentümer des Betriebsgrundstücks als Störer die für den Bodenaustausch und die Entsorgung des kontaminierten Bodens entstehenden Kosten tragen muss (1.12.1995, V ZR 9/94, NJW 1996, 845).

4.4 Der Überbau

Ein Überbau kommt vor allem bei Gebäuden vor, die schon vor langer Zeit errichtet wurden. Heutzutage werden die Grundstücke meist genauer vermessen und abgemarkt als vor dem Inkrafttreten des Bürgerlichen Gesetzbuchs im Jahr 1900, wodurch ein Überbau besser verhindert werden kann.

Von einem Überbau spricht man dann, wenn der Nachbar über seine Grundstücksgrenze hinaus auf das Nachbargrundstück baut. Gemeinhin kann sich der Nachbar gegen solche Eingriffe in sein Eigentumsrecht wehren und seinen Anspruch auf Beseitigung geltend machen (§ 1004 BGB). Bei einem Überbau sieht dies allerdings anders aus, hier hat der Gesetzgeber Sonderregelungen getroffen nämlich die § 912 bis 916 BGB. Das wird damit begründet, dass wirtschaftliche Werte, wie ihn etwa ein Balkon darstellt, weil er den Wert eines (Miets-)Hauses erhöht, möglichst erhalten werden sollten und deshalb der Nachbar die Grenzverletzung dulden muss.

4.4.1 Was ist eigentlich ein Gebäude?

Ein Gebäude ist ein Bauwerk mit Dach und Außenmauern, das Schutz gegen äußere Einflüsse gewährleistet und von Menschen betreten werden kann. Ein Carport, eine Grenzmauer oder eine Pergola sind demnach keine Gebäude. Werden solche Anlagen über die Grenze zum Nachbarn gebaut, kann dieser die Beseitigung verlangen.

Handelt es sich um ein Gebäude, das über die Grenze ragt, kommen dagegen die Überbauvorschriften zum Zuge. Dabei spielt es keine Rolle, ob sich der Überbau auf der Erdoberfläche, im Luftraum oder unterhalb der Erdoberfläche befindet. Es muss sich auch nicht um die erstmalige Errichtung eines Gebäudes handeln. So kann es auch zu einem Überbau kommen, wenn an ein bereits bestehendes Gebäude angebaut wird. Grenzverletzungen sind in dieser geschützten Rechtssphäre aus den bereits genannten Gründen möglich.

Ein bereits von Ihnen zu duldender Überbau darf nicht erweitert werden.

Wird nun ein Gebäude über die Grenze zum Nachbarn gebaut, ist weiterhin Voraussetzung, dass es sich um ein einheitliches Gebäude handelt. Der überbaute Teil auf dem Nachbargrundstück muss also mit dem Gebäude eine Einheit bilden, das auf dem Nachbargrundstück steht, von dem der Überbau ausgeht (sogenanntes Stammgrundstück). Dagegen kommt es nicht darauf an, in welchem Umfang Ihr Grundstück durch den Überbau betroffen ist.

4.4.2 Wann ist ein Überbau rechtswidrig?

Bei der Frage, ob Sie den Überbau dulden müssen, kommt es entscheidend darauf an, ob der überbauende Nachbar, also der Eigentümer des Stammgrundstücks, vorsätzlich oder grob fahrlässig gehandelt hat. Ist ihm ein solches Handeln nachzuweisen, könnten Sie die Entfernung des beanstandeten Überbaus verlangen.

Grob fahrlässiges Handeln liegt etwa dann vor, wenn es der bauende Nachbar versäumt hat, sich vor der Baumaßnahme über den Grenzverlauf zu unterrichten, nach Grenzzeichen zu suchen und trotz Zweifeln die Vermessungsbehörde einzuschalten. Der Überbauende muss ferner beweisen, dass er weder vorsätzlich noch grob fahrlässig gehandelt hat. Ihm wird dabei das Handeln seines Architekten zugerechnet, nicht jedoch ein Verschulden des Bauunternehmers und dessen Gehilfen.

TIPP: Behalten Sie sämtliche Baumaßnahmen im Auge

Wenn Ihr Grundstücksnachbar auf seinem Grundstück anbaut oder neu bauen will, sollten Sie die Baumaßnahmen sorgfältig beobachten. Sie müssen nämlich sofort vor oder nach der Grenzverletzung Widerspruch erheben, um Aussicht auf Erfolg zu haben. Dafür ist weder eine besondere Form noch eine Begründung notwendig. Dennoch sollten Sie immer schriftlich protestieren und den Widerspruch dem Nachbarn auch nachweisbar zustellen, also entweder per

Einschreiben/Rückschein oder per Boten. Der Bote sollte dann auf dem Durchschlag des Schreibens festhalten, dass er vom Inhalt des Schreibens Kenntnis genommen und wann er es in den Briefkasten des Nachbarn eingeworfen hat.

4.4.3 Muster eines Widerspruchsschreibens

Muster eines Widerspruchsschreibens

Heinz Müller
Blumengasse 7
21212 Musterstadt

[Datum]

Überbau Ihres Grundstücks

Sehr geehrter Herr Müller,

gestern musste ich feststellen, dass Sie mit Ihrem im Bau befindlichen Anbau die Grundstücksgrenze meines Grundstücks, Gemarkung ____, Flur _____, Flurstück _____ überbaut haben. Dies dulde ich nicht und fordere Sie deshalb auf, diesen Überbau zu beseitigen.

Mit freundlichen Grüßen

[Unterschrift Nachbar]

BEISPIEL: Wenn der Widerspruch zu spät kommt

In einem vom OLG Karlsruhe entschiedenen Fall erhob der Nachbar erst Widerspruch, als das Gebäude bereits im Rohbau fertig war. Dieser Widerspruch kam zu spät, entschieden die Richter und wiesen die Klage des betroffenen Nachbarn ab (OLG Karlsruhe, 9.9.1992, 6 U 45/92, NJW-RR-1993, 665).
Soweit der bauende Grundstücksnachbar böswillig gehandelt hat, muss er den Überbau beseitigen. Eine Ausnahme machen die Gerichte nur dann, wenn durch den Überbau für den Nachbarn nur ganz geringfügige Beeinträchtigungen entstehen. Hat der betroffene Nachbar das Grundstück allerdings gekauft und der vormalige Eigentümer dem Überbau schriftlich zugestimmt, muss sich dies der neue Eigentümer zurechnen lassen.

4.4.4 Was bei einem rechtmäßigen Überbau gilt

Haben Sie dem Grenzüberbau vorher zugestimmt, spricht man nicht mehr von einem Überbau. Wer auf Nummer sicher gehen will, sollte die Zustimmung in einem notariellen Vertrag mit dem Nachbarn regeln. Stimmen Sie dem Überbau zu, wird der überbauende Nachbar Eigentümer des gesamten Bauwerks.

Haben Sie zwar dem Überbau nicht zugestimmt und hat der Bauherr ohne Vorsatz oder grobe Fahrlässigkeit gehandelt, spricht man von einem sogenannten entschuldigten Überbau. Auch in diesem Fall müssen Sie den Überbau dulden.

4.4.5 Die Verantwortung liegt bei Ihnen

In vielen Landesbauordnungen sind die Gemeinden im Rahmen des Baugenehmigungsverfahrens nicht verpflichtet, die Eigentums- und Grenzverhältnisse zu prüfen, wenn ein Antrag auf Baugenehmigung vorliegt. Die Baugenehmigung kann also unabhängig davon erteilt werden, ob die Abstandsflächen eingehalten werden oder nicht. Es ist daher Sache des Bauherren, vor der Baumaßnahme festzustellen, wie die Grenze zwischen den Grundstücken verläuft.

Zusammengefasst kann man sagen: Der Überbau gilt als entschuldigt und ist von Ihnen zu dulden, wenn der bauende Nachbar nicht vorsätzlich gehandelt hat. Eine Duldungspflicht besteht auch dann, wenn Sie nach der Grenzüberschreitung keinen sofortigen Widerspruch einlegen (§ 912 Abs. 1 BGB). Dieser kann auch formlos erklärt und muss nicht begründet werden (vgl. oben). Versäumen Sie es, sofort dem Überbau zu widersprechen, müssen Sie ihn dulden. Und: Der Überbauende wird Eigentümer des gesamten Gebäudes, einschließlich des Überbaus.

4.4.6 Sie haben Anspruch auf Entschädigung

Auch wenn Sie den rechtmäßigen Überbau dulden müssen, der Grundstücksnachbar hat Ihnen dafür zumindest eine Geldrente auszuzahlen (§ 912 Abs. 2 BGB). Dieser Anspruch kann selbst noch dann geltend gemacht werden, wenn ein Voreigentümer dem Überbau zugestimmt und auf eine Rentenzahlung verzichtet hat. Der Grund: Ein solcher Verzicht wirkt nur dann gegenüber dem späteren Eigentümer, wenn er im Grundbuch eingetragen wurde (§ 914 Abs. 2 BGB). Dieser Anspruch kann auch nicht verjähren. Die Rentenpflicht besteht, solange der Überbau existiert.

4.4.7 Wonach sich die Höhe der Rente bemisst

Nach dem Gesetz muss der überbauende Nachbar die Rente jährlich im Voraus entrichten (§ 913 Abs. 2 BGB). Wie hoch die Rente ausfällt, richtet sich danach, wann mit dem Überbau die Grenze überschritten wurde. Es kommt also nicht darauf an, wann der Überbau entdeckt wurde. Für die Höhe der Rente maßgeblich ist daher auch der Verkehrswert des überbauten Grundstücks zum Zeitpunkt der Grenzüberschreitung.

4.4.8 Wenn der Bauwich nicht eingehalten wird

Hat der Nachbar nicht über die Grenze gebaut, sondern nur in den Bauwich auf dem eigenen Grundstück, kommt es nicht auf den Verkehrswert des überbauten Grundstücks an, sondern darauf, wie groß die Beeinträchtigung des Substanz- oder Ertragswerts des Nachbargrundstücks ausfällt. Unter dem Bauwich versteht man die in den Landesbauordnungen der Bundesländer geregelten Abstandsflächen von Gebäuden zum Nachbargrundstück. Die Abstandsflächen sollen zum einen für ausreichende Belichtung, Besonnung und Entlüftung sorgen, zum anderen dienen sie dem Brandschutz und sollen so das „Einmauern" von Nachbargrundstücken verhindern. Als Grundregel lässt sich festhalten: Vor jeder Außenwand eines Gebäudes sollen im Allgemeinen mindestens drei Meter Tiefe zur Grenze eingehalten werden, Abstandsflächen müssen grundsätzlich auf dem Baugrundstück selbst liegen.

Auch bei der Verletzung des Bauwichs ist eine Rente als Entschädigung möglich. Über die Höhe der Rente können sich beide Seiten im Rahmen einer Vereinbarung einigen. Kommt eine solche nicht zustande, kann auch per Gerichtsentscheid eine Rente festgelegt werden. Nur wenn die Rentenzahlung im Grundbuch eingetragen wird, wirkt sie auch gegenüber einem eventuellen späteren Käufer oder Erben des Grundstücks.

4.4.9 Der Abkauf des Überbaus

Anstelle der Rente können Sie auch verlangen, dass Ihnen der überbauende Nachbar den Überbau abkauft. Der Kaufpreis bemisst sich dabei nach dem Verkehrswert des Grundstücks zum Zeitpunkt der Grenzüberschreitung (§ 915 Abs. 1 BGB), und die bisher gezahlte Rente wird nicht auf den Kaufpreis angerechnet.

4.5 Energiesparmaßnahmen

Um Energie einzusparen, dämmen inzwischen viele Hauseigentümer ihre Immobilie. Dies kann allerdings zu Konflikten mit den Nachbarn führen, wenn durch die aufgebrachten Werkstoffe das Haus über die Grenze des Nachbarn reicht, so auch im folgenden Fall:

BEISPIEL: Dämmung ohne Zustimmung

Das Zusammenleben war immer friedlich. Bis zu dem Tag, an dem das Reihenmittelhaus gedämmt werden sollte. Ohne Zustimmung des Nachbarn entfernten die Handwerker das vorhandene Trennblech zwischen der alten Dämmung der Häuser und brachten ein neues Blech an. Der eigene Dachaufbau wurde dadurch um 15 Zentimeter höher. Kein Grund zur Panik, dachte sich der Bauherr. Doch weit gefehlt: Der Nachbar lief Amok. Er weigerte sich, die Baumaßnahme einfach hinzunehmen und erwirkte einen sofortigen Baustopp. Inzwischen befinden sich beide Seiten in Verhandlungen. Der Nachbar verlangt eine schriftliche Garantie, dass der Bauherr die nächsten 30 Jahre lang für jeglichen Wassereintritt haftet. Andernfalls solle die Maßnahme zurückgebaut werden.

Kommt es zu keiner Einigung der Nachbarn, kann nur noch das Gericht entscheiden. Dieses wägt dann ab, ob zum einen in Übereinstimmung mit technischen Regeln und ohne Gefährdung des Nachbargebäudes gebaut wurde. Ist der Bau technisch in Ordnung, kommt es darauf an, ob dem Nachbarn durch das erhöhte Dach des Bauherren erkennbare Nachteile entstehen. Ist dies nicht der Fall und ist auch der Rückbau nur mit unvertretbar hohem Aufwand möglich, wird wahrscheinlich das Gericht zugunsten des Bauherrn entscheiden.

Hier einige Urteile aus jüngerer Zeit: Steht ein Haus auf der Grenze zum Nachbarn, darf es der Eigentümer nicht dämmen, wenn die Fassade anschließend auf das Grundstück des Nachbarn ragt (OLG Karlsruhe, 9.12.2009, 6 U 121/09, NZM 2010, 620). In dem entschiedenen Fall ging es um die Wand des an die Grundstücksgrenze gebauten Nachbarhauses, die mit Wärmedämmplatten versehen wurde, die 15 Zentimeter in den Luftraum des Nachbarn ragten. Das Gericht untersagte dem Bauherrn das Anbringen der Außenisolierung. Anders entschied der BGH in einem Fall, in dem es um eine gemeinsame Wand mit dem Nachbarn ging. Hier musste der Nachbar das Anbringen der Fassadenverkleidung dulden (11.4.2008, V ZR 158/07, WuM 2008, 360).

Keine Duldungspflicht besteht dagegen, wenn ein Eigentümer, der sein Dach neu eindecken lässt, dafür Teile des angrenzenden Dachs des Nachbarn in Anspruch nimmt. Dies geht nur mit dessen Zustimmung. Der Eigentümer muss rückbauen, erst recht, wenn die Dachkonstruktion nicht den Brandschutzvorschriften entspricht (BGH, 19.9.2008, V ZR 152/07, NZM 2008, 939).

Will ein Nachbar auf einem großen Wiesengrundstück einen Schuppen errichten, der sich dann unmittelbar vor der Terrasse und dem Wohnhaus des Nachbarn erheben würde, muss die Baugenehmigung aufgehoben werden, wenn der Bauherr damit nichts anderes bezweckt, als seinen Nachbarn zu schädigen, entschied der VerwGH Mannheim mit Urteil vom 15. 4. 2008, 8 S 98/08, BauR 2010, 825.

5 Pflanzenpracht in Nachbars Garten

Sie können als Eigentümer Ihren Garten grundsätzlich nutzen, wie es Ihnen gefällt (§ 903 BGB). Allerdings können Bäume und Sträucher für den Nachbarn auch zahlreiche Unannehmlichkeiten mit sich bringen.

So geben zum Beispiel schattenwerfende Bäume, überhängende Zweige, Laubfall, aber auch Sturmschäden (siehe hierzu das gleichnamige Kapitel) immer wieder Anlass für Nachbarstreitigkeiten.

5.1 Auch für Pflanzen gelten Regeln

Bevor Sie einen Baum oder Strauch pflanzen, sollten Sie sich informieren, ob Sie dabei nach dem Nachbarrechtsgesetz Ihres Bundeslandes bestimmte Grenzabstände einhalten müssen. So finden sich Grenzabstandsvorschriften in Baden-Württemberg, Bayern, Berlin, Brandenburg, Hessen, Niedersachsen, Nordrhein-Westfalen, Rheinland-Pfalz, Saarland, Sachsen, Sachsen-Anhalt, Schleswig-Holstein und Thüringen, die beachtet werden müssen. Keine Regelungen gibt es dagegen in Bremen, Hamburg und Mecklenburg-Vorpommern. Hier besteht im Streitfall die Möglichkeit, sich auf das nachbarliche Gemeinschaftsverhältnis zu berufen. In den meisten Bundesländern sind die Grenzabstände bereits beim Anpflanzen der Gehölze zu beachten. In Bayern und Sachsen sind diese dagegen nur auf Verlangen einzuhalten.

In einigen Fällen gelten aber auch Sonderregelungen, so zum Beispiel an Grenzen zu einem landwirtschaftlich genutzten Grundstück, einem Waldgrundstück oder für Anpflanzungen aus der Zeit vor 1900.

TIPP: Die Blume hinter der Mauer

Auf Pflanzen, die sich hinter einer Mauer oder einer sonstigen dichten Einfriedung befinden, sind die Bestimmungen über Abstände nicht anzuwenden. Das Gleiche gilt für Anpflanzungen längs öffentlicher Straßen, für die straßenrechtliche Vorschriften zu beachten sind.

5.1.1 Bäume, Sträucher und Hecken

Die nachbarlichen Abstandsregelungen gelten nur für Gehölze, also Bäume, Sträucher und Hecken. Blumen und andere niedrige Gewächse sind dagegen davon ausgenommen. Es spielt auch keine Rolle, ob der Grundstückseigentümer die Gehölze angepflanzt hat oder ob es sich um sogenannte Wildlinge handelt, die ohne Zutun des Grundstückseigentümers aufgegangen sind. Ausnahmen bestehen nur in Hessen und Baden-Württemberg, die dortigen Nachbarrechtsgesetze beschränken den Grenzabstand grundsätzlich auf Anpflanzungen.

Innerhalb der Gehölze ist eine eindeutige Zuordnung wichtig, weil für diese unterschiedliche Abstände gelten. So ist wesentliches Merkmal eines Baumes, dass er einen oder mehrere Stämme besitzt, die eine Krone haben. Der Strauch verzweigt sich dagegen vom Boden aus.

Eine Hecke kann aus verschiedenen Baum- und Straucharten bestehen. Diese müssen so gepflanzt sein, dass die Geschlossenheit der Pflanzenkörper unter sich und ihr Verbund eine wandartige Formation ergeben. Ein weiteres Unterscheidungskriterium ist, dass die Hecke durch Pflege und Rückschnitt in einer bestimmten Form und Höhe gehalten wird.

BEISPIEL: Wenn die Fichte zur Hecke wird

Nach Meinung des LG Zweibrücken verliert eine Fichtenreihe, die in einem Abstand von 1,80 Meter parallel zur Grenze gepflanzt ist, in der Regel ihre Eigenschaft als Hecke dann, wenn die Bäume, aus denen sie sich zusammensetzt, eine Höhe von drei Metern übersteigen (LG Zweibrücken, 30.9.1997, 3 S 80/97, MDR 1997, 1119).

Die Abstände sind in den einzelnen Bundesländern unterschiedlich geregelt. Als Mindestabstände dürfen diese nicht überschritten werden. Folgende Grenzabstände sind für Bäume, Sträucher und Hecken in den einzelnen Bundesländern einzuhalten:

Grenzabstände in Baden-Württemberg	
Hecken bis zu 1,80 m Höhe	0,50 m
Hecken über 1,80 m Höhe	um die Mehrhöhe gegenüber 1,80 m größerer Abstand als 0,50 m
Sträucher bis zu 1,80 m Höhe	0,50 m

Grenzabstände in Baden-Württemberg	
Sträucher über 1,80 m Höhe	2,00 m
Schwach wachsende Bäume bis zu 4 m Höhe	2,00 m
Mittelgroße Obstbäume über 4 m Wuchshöhe	3,00 m
Mittelgroße und schmale Bäume	4,00 m
Großwüchsige Bäume	8,00 m

In Innerortslage halbieren sich die Abstände für mittelgroße und schwach wachsende Bäume. Einzeln stehende großwüchsige Bäume, ausgenommen Nadelbäume, dürfen hier mit einem Grenzabstand von sechs anstelle von acht Metern gepflanzt werden.

Grenzabstände in Bayern	
Alle Bäume, Sträucher und Hecken bis 2 m Höhe	0,50 m
Alle Bäume, Sträucher und Hecken über 2 m Höhe	2,00 m

Grenzabstände in Berlin	
Stark wachsende Bäume	3,00 m
Nicht hochstämmige Obstbäume	1,00 m
Übrige Bäume	1,50 m
Sträucher	0,50 m
Hecken über 2 m Höhe	1,00 m
Hecken bis 2 m Höhe	0,50 m

Grenzabstände in Brandenburg	
Alle Bäume, Sträucher und Hecken bis 2 m Wuchshöhe	0,00 m
Obstbäume über 2 m Wuchshöhe	2,00 m
Sonstige Bäume über 2 m Wuchshöhe	4,00 m
Alle Bäume, Sträucher und Hecken über 2 m Wuchshöhe	für jeden Teil der Pflanzen ein Drittel ihrer Höhe über dem Erdboden

BEISPIEL: Wie ein Abstand berechnet wird

Eine Buche, die vier Meter von der Grenze entfernt steht, hat in 3,30 Meter Höhe einen zur Grenze gerichteten Zweig. Die Spitze des Zweiges darf nicht mehr als 1,10 Meter (ein Drittel von 3,30 Meter) an die Grundstücksgrenze heranreichen.

Grenzabstände in Hessen	
Sehr stark wachsende Allee- und Parkbäume	4,00 m
Stark wachsende Allee- und Parkbäume	2,00 m
Alle übrigen Allee- und Parkbäume	1,50 m
Walnusssämlinge	4,00 m
Kernobstbäume auf stark wachsender Unterlage veredelt sowie Süßkirsche, veredelte Walnuss	2,00 m
Kernobstbäume auf schwach wachsender Unterlage veredelt sowie Steinobstbäume außer Süßkirsche	1,50 m
Stark wachsende Ziersträucher	1,00 m
Alle übrigen Ziersträucher	0,50 m
Brombeersträucher	1,00 m
Alle übrigen Beerenobststräucher	0,50 m
Hecken über 2 m Höhe	0,75 m
Hecken bis 2 m Höhe	0,50 m
Hecken bis 1,20 m Höhe	0,25 m

Grenzabstände in Niedersachsen	
Alle Bäume, Sträucher und Hecken bis 1,20 m Höhe	0,25 m
bis 2 m Höhe	0,50 m
bis 3 m Höhe	0,75 m
bis 5 m Höhe	1,25 m
bis 15 m Höhe	3,00 m
über 15 m Höhe	8,00 m

Grenzabstände in Nordrhein-Westfalen	
Stark wachsende Bäume außer Obstgehölze	4,00 m
Alle übrigen Bäume außer Obstgehölze	2,00 m
Stark wachsende Ziersträucher	1,00 m
Alle übrigen Ziersträucher	0,50 m
Kernobstbäume auf stark wachsender Unterlage veredelt sowie Süßkirsche, Walnuss, Esskastanie	2,00 m
Kernobstbäume auf mittelstark wachsender Unterlage veredelt sowie Steinobstbäume außer Süßkirsche	1,50 m

Grenzabstände in Rheinland-Pfalz	
Sehr stark wachsende Bäume außer Obstbäume	4,00 m
Stark wachsende Bäume außer Obstbäume	2,00 m
Alle übrigen Bäume außer Obstbäume	1,50 m
Walnusssämlinge	4,00 m
Kernobstbäume auf stark wachsenden Unterlagen veredelt sowie Süßkirsche, veredelte Walnuss	2,00 m
Kernobstbäume auf schwach wachsenden Unterlagen veredelt sowie Steinobstbäume außer Süßkirsche	1,50 m
Stark wachsende Sträucher außer Beerenobststräucher	1,00 m
Alle übrigen Sträucher außer Beerenobststräucher	0,50 m
Brombeersträucher	1,00 m
Alle übrigen Beerenobststräucher	0,50 m
Hecken bis 1 m Höhe	0,25 m
Hecken bis 1,50 Höhe	0,50 m
Hecken bis 2 m Höhe	0,75 m
Hecken über 2 m Höhe	einen um die Mehrhöhe gegenüber 2 m größeren Abstand als 0,75 m

Grenzabstände im Saarland	
Sehr stark wachsende Bäume außer Obstbäume	4,00 m
Stark wachsende Bäume außer Obstbäume	2,00 m
Alle übrigen Bäume außer Obstbäume	1,50 m
Walnusssämlinge	4,00 m
Kernobstbäume auf stark wachsenden Unterlagen veredelt sowie Süßkirsche, veredelte Walnuss	2,00 m
Kernobstbäume auf schwach wachsenden Unterlagen veredelt sowie Steinobstbäume außer Süßkirsche	1,50 m
Stark wachsende Sträucher außer Beerenobststräucher	1,00 m
Alle übrigen Sträucher außer Beerenobststräucher	0,50 m
Brombeersträucher	1,00 m
Alle übrigen Beerenobststräucher	0,50 m
Hecken über 1,50 m Höhe	0,75 m
Hecken bis 1,50 m Höhe	0,50 m
Hecken bis 1 m Höhe	0,25 m

Grenzabstände in Sachsen	
Alle Bäume, Sträucher und Hecken bis 2 m Höhe	0,50 m
Alle Bäume, Sträucher und Hecken über 2 m Höhe	2,00 m

Grenzabstände in Sachsen-Anhalt	
Alle Bäume, Sträucher und Hecken bis 1,50 m Höhe	0,50 m
bis 3 m Höhe	1,00 m
bis 5 m Höhe	1,25 m
bis 15 m Höhe	3,00 m
über 15 m Höhe	6,00 m

Grenzabstände in Schleswig-Holstein	
Bäume, Sträucher und Hecken über 1,20 m Höhe	für jeden Teil der Pflanzen ein Drittel ihrer Höhe über dem Erdboden
Bäume, Sträucher und Hecken bis 1,20 m Höhe	0,00 m

Abstände in Thüringen	
Sehr stark wachsende Bäume außer Obstbäume	4,00 m
Stark wachsende Bäume außer Obstbäume	2,00 m
Alle übrigen Bäume außer Obstbäume	1,50 m
Walnusssämlinge	4,00 m
Kernobstbäume auf stark wachsenden Unterlagen veredelt sowie Süßkirsche, veredelte Walnuss	2,00 m
Kernobstbäume auf schwach wachsenden Unterlagen veredelt sowie Steinobstbäume außer Süßkirsche	1,50 m
Stark wachsende Sträucher außer Beerenobststräucher	1,00 m
Alle übrigen Sträucher außer Beerenobststräucher	0,50 m
Brombeersträucher	1,00 m
Alle übrigen Beerenobststräucher	0,50 m
Hecken bis 1 m Höhe	0,25 m
Hecken bis 1,50 m Höhe	0,5o m
Hecken bis 2 m Höhe	0,75 m
Hecken über 2 m Höhe	Ein um die Mehrhöhe gegenüber 2 m größerer Abstand als 0,75 m

5.1.2 So messen Sie den Grenzabstand

Die Nachbarrechtsgesetze der Länder enthalten zum Teil unterschiedliche Regelungen über das Messen der Grenzabstände. Die Art der Pflanze, also ob es sich dabei um einen Baum, Strauch oder eine Hecke handelt, ist hier von Bedeutung.

5.1.3 Bäume

Bei Bäumen wird der Grenzabstand von der Mitte des Baumstammes an der Stelle, an der der Stamm aus dem Boden austritt bis zur Grenze gemessen. Sind die Bäume mehrstämmig, wird von dem der Grenzlinie am nächsten stehenden Stamm aus gemessen.

Andere Vorschriften haben die Bundesländer Brandenburg und Schleswig-Holstein erlassen, hier gilt, dass für jeden Teil der Anpflanzung der vorgeschriebene Grenzabstand einzuhalten ist. In den dortigen Nachbarrechtsgesetzen ist geregelt, dass der Grenzabstand waagerecht und rechtwinklig zur Grenze gemessen wird. So ist hier der Grenzabstand von dem jeweiligen Teil der Pflanze aus waagerecht und rechtwinklig zur Grenze hin zu messen.

5.1.4 Sträucher

Die Grenzabstände von Sträuchern werden in Berlin, Hessen, Niedersachsen, Nordrhein-Westfalen, Rheinland-Pfalz, dem Saarland, Sachsen, Sachsen-Anhalt und Thüringen von der Mitte des Strauchs, wo er aus dem Boden tritt, bis zur Grenzlinie gemessen.

In Baden-Württemberg und Bayern werden die Grenzabstände von Sträuchern von der Mitte der am nächsten der Grenze wachsenden Triebe zur Grenzlinie gemessen.

5.1.5 Hecken

Bei Hecken wird der Grenzabstand in Berlin, Hessen, Niedersachsen, Rheinland-Pfalz, Saarland, Sachsen, Sachsen-Anhalt und Thüringen von der Mitte der Hecke an der Stelle, an der die Hecke aus dem Boden tritt, bis zur Grenzlinie gemessen.

In Baden-Württemberg und Bayern dagegen wird von der Mitte des grenznächsten Heckentriebs an der Stelle, an der die Hecke aus dem Boden austritt, bis zur Grenze gemessen.

Der dritte mögliche Weg, die Messung vorzunehmen, ist der von der Seitenfläche der Hecke aus zur Grenze hin. Dieser kommt in Brandenburg, Nordrhein-Westfalen und Schleswig-Holstein zur Anwendung.

5.1.6 Hanggrundstück

In Bayern, Berlin, Hessen, Niedersachsen, Rheinland-Pfalz, Saarland, Sachsen und Thüringen ist bei Hanggrundstücken am Boden von der Stelle, an der die Pflanze aus dem Boden tritt bis zur Grenzlinie zu messen.

Dagegen ist nach dem Wortlaut der Grenzabstandsvorschriften von Baden-Württemberg, Brandenburg, Nordrhein-Westfalen, Sachsen-Anhalt und Schleswig-Holstein bei Hanggrundstücken in der gedachten Waagerechten bis zur Grenzlinie zu messen. Teilweise wird in der Rechtsprechung jedoch der Grundsatz vertreten, dass stets am Boden von der Stelle, an der das Gehölz aus dem Boden tritt, bis zur Grenzlinie zu messen ist, weil ansonsten kein fester Messpunkt vorhanden sei (LG Düsseldorf, 14.4.1998, 19 T 97/98, NJW-RR 1998,1387).

5.1.7 Stauden, Einjahresblumen und Bambus

Die Grenzabstandsvorschriften der Länder gelten nach ihrem Wortlaut nur für Gehölze, also Bäume, Sträucher und Hecken, aber nicht für andere Pflanzen, wie zum Beispiel Stauden oder Einjahresblumen wie etwa Sonnenblumen, die im Winter absterben, sodass sie auch nur in den Sommermonaten eine beeinträchtigende Wirkung entfalten können.

Wenn Ihr Nachbar nun dicht an die Grenze eine Hecke aus Bambus gepflanzt hat, muss er dann auch hier Grenzabstände einzuhalten? Dies ist nach Meinung einiger Gerichte durchaus der Fall. Zwar zählen Bambuspflanzen botanisch nicht zu den Gehölzen, sondern zu den Gräsern. Aber der Bambus ist mit Gehölz vergleichbar, weil er baum- oder strauchartige Äste und verholzte Halme beziehungsweise Stämme hervorbringt. Darüber hinaus ist der Gartenbambus eine immergrüne Pflanze, die frosthart ist und den Winter übersteht. Dadurch unterscheidet sich die Bambuspflanze grundlegend von den Stauden, für die die Bestimmungen über Grenzabstände nicht gelten (AG Schwetzingen,19.4.2000, 51 C 39/00, NJW-RR 2000, 1468; AG Stuttgart,12.12.1995, 11 C 322/95, RdL 1998, 131).

Dementsprechend kann eine Anpflanzung von Bambus im Sinne des baden-württembergischen Nachbarrechts als Hecke anzusehen sein (OLG Karlsruhe, 25.7.2014, 12 U 162/13, MDR 2014, 1197).

BEISPIEL: Wenn das Grün zu sehr wuchert

Halten Bäume, Sträucher oder Hecken auf einem Grundstück den erforderlichen Grenzabstand nicht ein, hat der Nachbar einen Anspruch auf Entfernung oder Rückschnitt dieser Gehölze.
So kann zum Beispiel ein Nachbar in Bayern nach Art 47 Bay AGBGB verlangen, dass ein Strauch beseitigt wird, der weniger als 50 Zentimeter von der Grenze entfernt ist, oder dass ein über zwei Meter hoher Baum, der näher als zwei Meter von der Grenze entfernt steht, auf zwei Meter zurückgeschnitten wird.

5.1.8 Halten Sie die Ausschlussfristen ein

Sie müssen zwar keine Klage auf Beseitigung oder Rückschnitt bei Gericht erheben beziehungsweise die Durchführung eines Schlichtungsverfahrens beantragen, wenn Sie die Bäume oder Sträucher des Nachbarn nicht stören. Aber Sie haben auch nicht ewig Zeit, es sich anders zu überlegen. Denn alle Nachbarrechtsgesetze sehen Ausschlussfristen vor, die mit dem Anpflanzen der Gehölze beginnen oder dann, wenn diese über die zulässige Höhe hinauswachsen. Ist die Frist erst einmal abgelaufen, können Sie weder Beseitigung noch Rückschnitt der Gehölze mehr verlangen.

5.1.9 Wie die unterschiedlichen Ausschlussfristen geregelt sind

In Bayern verjährt der Anspruch auf Rückschnitt und Beseitigung zum Beispiel nach fünf Jahren. Die Frist beginnt mit Ablauf des Kalenderjahres, in dem die Verletzung der Abstandsvorschriften erkennbar wird, also im Regelfall mit Schluss des Jahres, in dem die Gehölze über die zulässige Höhe hinauswachsen oder im Grenzbereich von 0 bis 0,5 Meter mit Ablauf des Pflanzjahres (Art 52 Bay AGBGB).

Die Ausschlussfristen in den Bundesländern

Bundesland	Ausschlussfrist	Anspruch auf
Baden-Württemberg (§ 26) Bei Gehölzen i.S.d.§ 16 Abs.1 Nr.4 oder 5	5 Jahre 10 Jahre	Beseitigung
Bayern (Art 52)	5 Jahre	Beseitigung und Rückschnitt
Berlin (§ 32)	5 Jahre	Beseitigung
Brandenburg (§ 40)	2 Jahre	Beseitigung
Hessen (§ 43)	3 Jahre	Beseitigung und Rückschnitt
Niedersachsen (§ 54)	5 Jahre	Beseitigung und Rückschnitt

Die Ausschlussfristen in den Bundesländern		
Nordrhein-Westfalen (§ 47)	6 Jahre	Beseitigung
Rheinland-Pfalz (§ 51)	5 Jahre	Beseitigung und Rückschnitt
Saarland (§ 55)	5 Jahre	Beseitigung
Sachsen-Anhalt (§ 40)	5 Jahre 10 Jahre	Beseitigung Rückschnitt
Schleswig-Holstein (§ 40)	2 Jahre	Rückschnitt
Thüringen (§ 51)	5 Jahre	Beseitigung

Regelt das jeweilige Nachbarrechtsgesetz ausdrücklich lediglich eine Ausschlussfrist für den Anspruch auf Beseitigung, gilt die Frist nach der Rechtsprechung teilweise auch für den Anspruch auf Rückschnitt. Dies entschied zum Beispiel das Landgericht Saarbrücken mit der Begründung, dass der Rückschnitt eines Gehölzes dessen teilweise Beseitigung darstellt (LG Saarbrücken, 3.2.1988, 17 S 79/87, AgrarR 1991, 281).

▶ **BEISPIEL: Die serbische Fichte**

Ein Eigentümer in Bayern pflanzt einen Meter entfernt zur Grenze eine ein Meter hohe serbische Fichte. Ein solcher Baum kann eine Höhe von 15 bis 18 Metern erreichen. Trotzdem kann der Nachbar sein Verlangen, den Grenzabstand von zwei Metern einzuhalten, noch nicht geltend machen, weil die junge Fichte beim Anpflanzen die zulässige Höhe von zwei Metern nicht überschritten hat. Erst wenn der Baum über die Höhe von zwei Metern hinauswächst, kann der Nachbar den Rückschnitt auf zwei Meter verlangen. Beseitigung soll er nach dem LG Bayreuth in einem derartigen Fall allerdings nicht verlangen können (LG Bayreuth, 23.10.1991, S 70/91, NJW-RR 1992, 276).

5.1.10 Pflanzen Sie vorausschauend

Um künftigen Streit mit dem Nachbarn von vorneherein zu vermeiden, sollten Sie auch in Bayern und Sachsen die natürliche Wuchshöhe der Gehölze bereits beim Anpflanzen berücksichtigen und die entsprechenden Grenzabstände einhalten.

Geht ein Baum oder Strauch ein und wird dieser durch einen anderen ersetzt, so beginnt für die Ersatzbepflanzung die Verjährungsfrist neu zu laufen. Der Fristlauf beginnt auch von neuem, wenn nach Rückschnitt auf die gesetzlich zulässige Höhe die Pflanze wieder wächst und die vorgeschriebene Höhe überschreitet.

Wechselt der Eigentümer eines Grundstücks innerhalb der Frist, so hat dies auf deren Lauf keine Auswirkung.

5.1.11 Wenn Nachbars Bäume Ihr Grundstück verschatten

Entziehen Bäume oder Sträucher dem Nachbargrundstück Sonnenlicht, stellt sich für den Betroffenen die Frage, ob er deshalb Rückschnitt oder sogar Fällung der Bäume verlangen kann.

Sind Sie durch schattenwerfende Bäume beeinträchtigt, sollten Sie als Erstes überprüfen, ob diese den vorgeschriebenen Grenzabstand einhalten. Ist dies nicht der Fall, können Sie Beseitigung oder Rückschnitt der störenden Gehölze verlangen, allerdings nur solange die hierfür vorgesehene Verjährungsfrist noch nicht verstrichen ist (siehe oben).

5.1.12 Musterbrief: Fristsetzung bei Nichteinhaltung des Grenzabstandes von Pflanzen

MUSTERBRIEF: Fristsetzung bei Nichteinhaltung des Grenzabstandes von Pflanzen

Heinz Müller
Blumengasse 7
21212 Musterstadt

[Datum]

Frist für die Wiedereinhaltung des Grenzabstandes der Pflanzen

Sehr geehrter Herr Müller,

die auf Ihrem Grundstück in einem Abstand von 70 Zentimetern zur Grenze stehende Buchenhecke ist zwischenzeitlich drei Meter hoch. Damit hat die Hecke die nach _____ [einschlägige Vorschrift des Nachbarrechtsgesetzes einfügen] zulässige Höhe von ___ Metern überschritten.

Ich fordere Sie hiermit auf, die Hecke auf die Höhe von ... Metern zurückzuschneiden. Hierfür setze ich Ihnen eine Frist bis ______ [Datum].

Mit freundlichen Grüßen

[Unterschrift Nachbar]

Abgesehen von den Grenzabstandsregelungen hat eine Klage auf Entfernung oder Rückschnitt eines Baumes wegen Schattenwurfs nur selten Aussicht auf Erfolg. Der Grund dafür ist folgender: Die Entziehung von Licht und Luft durch Bäume auf dem Nachbargrundstück ist nach den Vorschriften des Bürgerlichen Gesetzbuchs grundsätzlich nicht abwehrbar, weil es sich hierbei um sogenannte negative Einwirkungen handelt. Das Abwehrrecht nach §§ 1004, 906 BGB erstreckt sich aber nur auf unzulässige Einwirkungen wie etwa die Zuführung von Gasen, Dämpfen, Gerüchen, Rauch, Ruß, Wärme, Geräusch und Erschütterungen auf das Nachbargrundstück (§ 906 BGB).

Ansonsten kann sich ein Abwehrrecht nur in gravierenden Ausnahmefällen unter dem Gesichtspunkt des nachbarlichen Gemeinschaftsverhältnisses ergeben. Dies kann dann in Betracht kommen, wenn der Nachbar wegen der Höhe der Bäume ungewöhnlich schweren und nicht mehr hinzunehmenden Beeinträchtigungen ausgesetzt ist, zum Beispiel bei vollständiger Abschattung seines gesamten Grundstücks während des ganz überwiegenden Teils des Tages (OLG Hamm, 28.9.1998, 5 U 67/98, MDR 1999, 930), einer derartigen Verschattung eines Wohnhauses, dass selbst bei Tag künstliches Licht eingeschaltet werden muss (AG Mettmann, 12.6.1991, 24 C 78/90, WuM 1991, 576) oder wenn es sich bei der Beschattung des Grundstücks um eine bewusste Schikanemaßnahme (§ 226 BGB) des Nachbarn handelt (OLG Düsseldorf, 6.7.1979, 4 U 18/79, NJW 1979, 2618).

5.1.13 Kein genereller Vorrang erneuerbarer Energien vor Baumschutz

Das Verwaltungsgericht München musste sich mit der Frage befassen, ob erneuerbaren Energien genereller Vorrang vor dem Baumschutz einzuräumen ist. In dem zu entscheidenden Fall beantragte ein Grundstückseigentümer die Fällung einer durch die Baumschutzsatzung der Stadt München geschützten Schwarzkiefer. Begründet wurde der Fällantrag unter anderem mit der Leistungseinschränkung der auf dem Dach des Hauses des Grundstückseigentümers montierten Fotovoltaikanlage infolge Verschattung, einschließlich der dadurch bedingten finanziellen Einbußen. Die zuständige Behörde lehnte den Antrag auf Fällung des Baumes ab, weil die Voraussetzungen für eine Fällgenehmigung nach der Münchner Baumschutzsatzung nicht vorlägen. Das Verwaltungsgericht München ist der Auffassung, dass der Antrag auf Genehmigung zu Recht abgelehnt wurde. Denn die vom Grundstückseigentümer geltend gemachte Renditeeinbuße von 25 % stelle keine unzumutbare Beeinträchtigung der Nutzung der Fotovoltaikanlage dar. Auch lägen die Voraussetzungen für die Erteilung einer Befreiung wegen überwiegender Gründe des Gemeinwohls nach § 67 Abs. 1 Satz 1 Nr. 1 BNatSchG nicht vor. Den gesetzlichen Regelungen zur Förderung erneuerbarer Energien sei kein genereller Vorrang einer entsprechenden Nutzung vor den Belangen des Umwelt- und Naturschutzes zu entnehmen. Dies gelte auch für die aktuelle Fassung des Gesetzes für den Vorrang erneuerbarer Energien (EEG), gültig seit 27.12.2012 (VG München, 2.12.2013, M 8 K 12.4170, BayVBl 2014 S. 478).

5.2 Bäume, Sträucher und Hecken als Grenzbepflanzung

5.2.1 Grenzbaum und Grenzstrauch

Der Grenzbaum oder -strauch steht auf der Grundstücksgrenze (§ 923 BGB). Für die Frage,ob ein Baum Grenzbaum ist, kommt es allein darauf an, wo der Stamm aus der Erde tritt und ob an dieser Stelle die Grundstücksgrenze durchschnitten wird. Nicht entscheidend hingegen ist die Wurzelung des Baumes oder an welcher Stelle der Baum aus forstwirtschaftlicher Sicht am sinnvollsten zu fällen ist (OLG München, 10.6.1992, 27 U 673/91, AgrarR 1994, 27).

Jedem Grundstückseigentümer gehört der Teil des Grenzbaums oder strauchs, der sich auf seinem Grundstück befindet (BGH, 2.7.2004, V ZR 33/04, NJW 2004, 3328). Jeder der Nachbarn kann die Fällung des Baums beziehungsweise die Zustimmung hierzu verlangen (§ 923 Abs. 2 BGB). Wird der Baum dann in beiderseitigem Einvernehmen gefällt, tragen beide auch die Kosten gemeinsam.

Der Anspruch auf Zustimmung zur Beseitigung des Baums ist dann ausgeschlossen, wenn der Baum als Grenzzeichen dient und den Umständen nach nicht durch ein anderes Grenzzeichen ersetzt werden kann.

Ein Grundstückseigentümer darf einen Grenzbaum nicht eigenmächtig ohne Zustimmung des Nachbarn beseitigen. Fällt er diesen dennoch ohne Rücksprache, kann der Nachbar zwar grundsätzlich Schadensersatz verlangen, geht aber meistens leer aus. Auch bei ordnungsgemäßem Vorgehen wäre der Baum gefällt worden, weil der Nachbar seine Zustimmung zur Beseitigung nicht hätte verweigern dürfen (OLG Oldenburg, 28.1.2002, 13 U 107/01, MDR 2002, 694).

Außerdem kann die Fällung eines Grenzbaums auch durch naturschutzrechtliche Vorschriften oder durch eine kommunale Baumschutzsatzung beziehungsweise -verordnung ausgeschlossen sein. Dies können Sie per Anfrage bei der zuständigen Behörde klären.

5.2.2 Die Grenzhecke

Von einer Hecke als Grenzeinrichtung spricht man, wenn diese im beiderseitigen Einverständnis der Nachbarn auf die gemeinsame Grundstücksgrenze gepflanzt wurde. Dabei ist es nicht erforderlich, dass die Hecke oder deren Bestandteile mittig auf der Grundstücksgrenze stehen. Vielmehr genügt es, wenn auch nur einige Stämme der Heckenpflanzen, dort wo sie aus dem Boden heraustreten, von der Grenze durchschnitten werden (BGH, 15.10.1999, V ZR 77/99, WM 2000, S. 146).

Ein Nachbar darf die Hecke nicht ohne Zustimmung des anderen beseitigen, solange dieser ein Interesse am Fortbestand der Hecke hat, zum Beispiel als Sicht- oder Lärmschutz. Andernfalls drohen ihm Schadensersatzansprüche (BGH, 15.10.1999, V ZR 77/99, WM 2000, 146).

5.3 Zweige und Wurzeln

5.3.1 Was tun bei überhängenden Zweigen?

Ragen Äste von Nachbars Bäumen oder Sträuchern in die eigene Garagenzufahrt oder verstopfen deren Blätter immer wieder die Dachrinne, kommt es oft zum Streit zwischen den Nachbarn. Unter bestimmten Voraussetzungen können Sie wahlweise die herüberhängenden Äste selbst abschneiden oder dies vom Baumeigentümer verlangen beziehungsweise einen Gärtner damit beauftragen – auf Kosten des Baumeigentümers. Diese Voraussetzungen regelt etwa das Selbsthilferecht.

5.3.2 Selbsthilferecht, § 910 BGB

Unter bestimmten Vorgaben dürfen Sie als Grundstückseigentümer Äste von Nachbars Bäumen selbst kappen. Voraussetzung ist allerdings immer, dass Sie durch den Überhang konkret in der Nutzung Ihres Grundstücks beeinträchtigt werden. Dabei kommt es auf eine objektive Sicht an, maßgebend ist die derzeitige und in nächster Zukunft geplante Nutzung des Grundstücks.

Verlieren überhängende Äste vereinzelt Blätter, Blüten und Früchte oder tropft Niederschlagswasser von diesen herab, liegt keine Beeinträchtigung vor. Das gilt auch, wenn der Überhang in 2,50 Meter Höhe über der Garagenzufahrt beginnt und deshalb die Zufahrt nicht behindert oder ein Kiefernast in circa fünf Meter Höhe ungefähr 40 Zentimeter auf das Nachbargrundstück hineinragt (BGH, 14.11.2003, V ZR 102/03, NJW 2004,1037).

Von einer Beeinträchtigung ist aber dann auszugehen, wenn die nachbarlichen Zweige in die eigene Zufahrt ragen und beim Einfahren in die Garage den Autolack verkratzen oder die an der Grenze befindlichen Beete eines wirtschaftlich genutzten Gartens wegen des Überhangs nicht oder nur erschwert bewirtschaftet werden können. Gleiches gilt, wenn die überhängenden Äste in erheblichen Mengen Laub verlieren und deshalb jährlich umfangreiche zusätzliche Reinigungsarbeiten, etwa aufgrund der Verstopfung der Dachrinne, erforderlich sind. Auch große Mengen Mostbirnen, die aufs Nachbargrundstück fallen, zählen dazu (AG Backnang, 31.3.1989, 3 C 35/89, NJW-RR 1989, S. 785). Der Überhang kann auch den Lichteinfall beeinträchtigen und so das Kappen rechtfertigen (LG Coburg, 28.7.2008, 33 S 26/08, LG München I, 21.03.2001, 15 S 7927/00, WE 2003, 35).Eine erhebliche Beeinträchtigung der Nutzung des Grundstücks liegt auch dann vor, wenn vom Nachbargrundstück entlang der gemeinsamen Grundstücksgrenze Äste von Laub-und Nadelbäumen bis zu sieben Meter in das eigene Grundstück hinüberreichen (OLG Koblenz, 8.10.2013, 3 U 631/13, MDR 2014, 520).

5.3.3 Bevor Sie selbst tätig werden, setzen Sie eine Frist

Bevor Sie selbst zur Tat schreiten, müssen Sie dem Nachbarn eine angemessene Frist zum Rückschnitt der Zweige einräumen. Erst wenn dieser der Aufforderung nicht innerhalb der Frist nachkommt, dürfen Sie die Zweige zurückschneiden und behalten. Aus Beweisgründen sollten Sie die Frist immer schriftlich setzen und das Schreiben nachweisbar, zum Beispiel per Boten oder unter Zeugen, zustellen.

Bei der Aufforderung zum Rückschnitt, müssen Sie auf die Wachstumsperiode der Bäume Rücksicht nehmen. So sollten Zweige außerhalb der Wachstumsperiode von April bis September und die von Obstbäumen auch nicht kurz vor der Ernte abgeschnitten werden. Ferner müssen Sie die Frist so bemessen, dass der Nachbar ausreichend Zeit hat, die erforderlichen Arbeiten zu erledigen. Eine Frist von vier bis sechs Wochen ist in der Regel angemessen.

Greifen Sie ohne vorherige Fristsetzung zur Gartenschere, können Sie sich schadenersatzpflichtig machen. Allerdings müssen Sie dem Nachbarn dann keinen Schaden ersetzen, wenn dieser auch bei ordnungsgemäßer Fristsetzung entstanden wäre (LG Gießen, 2.10.1996, 1 S 230/ 96, NJW-RR 1997, 655).

! **ACHTUNG: Rückschnitt muss fachgerecht vorgenommen werden**

Sie dürfen die Zweige nur bis zur Grundstücksgrenze und nicht darüber hinaus und auch nur soweit abschneiden, wie die Zweige die Grundstücksnutzung tatsächlich beeinträchtigen. Der Rückschnitt muss zudem fachgerecht erfolgen. Andernfalls riskieren Sie Schadensersatzansprüche.
Haben Sie den Nachbarn aufgefordert, die Zweige zu kürzen, darf dieser dafür nicht einfach Ihr Grundstück betreten. Besser wäre es allerdings, wenn Sie ihm im Sinne einer guten Nachbarschaft das Betreten erlauben würden.

5.3.4 Sie haben Anspruch auf Rückschnitt und Kostenerstattung

Anstatt von Ihrem Selbsthilferecht Gebrauch zu machen, können Sie auch vom Baumeigentümer nach § 1004 BGB verlangen, dass dieser die Zweige kürzt. Dies können Sie sogar einklagen. Kommt der Baumeigentümer dieser Aufforderung nicht nach, können Sie eine Fremdfirma mit dem Rückschnitt beauftragen und sich die dafür aufgewendeten Kosten vom Baumeigentümer ersetzen lassen (BGH, 14.11.2003, V ZR 102/03, NJW 2004, 1037).

5.3.5 Suchen Sie das Gespräch mit dem Nachbarn

Sie sollten zunächst versuchen, sich anbahnende Konflikte mit dem Nachbarn in einem sachlich klärenden Gespräch zu bereinigen. Ein solches Gespräch wird erfolgreich sein, wenn beide an einer konstruktiven Lösung interessiert sind. Auf diese Weise lässt sich in vielen Fällen ein langwieriger und unter Umständen auch kostspieliger Nachbarrechtstreit vermeiden.

5.3.6 Musterbrief: Fristsetzung bei Zweigüberwuchs

Musterbrief: Fristsetzung bei Zweigüberwuchs

Heinz Müller
Blumengasse 7
21212 Musterstadt

[Datum]

Frist zwecks Rückschneidung des Zweigüberwuchses

Sehr geehrter Herr Müller,

auf Ihrem Grundstück wächst entlang der Grenze eine Berberitzenhecke, deren Zweige einen Meter in meine Grundstückseinfahrt hineinragen. Beim Öffnen der Autotür und Einfahren in die Garage wird der Autolack zerkratzt.
Ich fordere Sie deshalb höflich auf, die Zweige innerhalb von vier Wochen bis zur Grenze zurückzuschneiden.

Mit freundlichen Grüßen

[Unterschrift Nachbar]

5.3.7 Ihre Rechte bei wild wuchernden Wurzeln

Der Eigentümer eines Baumes muss nicht nur auf Äste, Zweige und Laub achten, sondern auch dafür Sorge tragen, dass dessen Wurzeln nicht in das Nachbargrundstück herüberwachsen. Verletzt er diese Pflicht, kann der Nachbar unter bestimmten Voraussetzungen die Wurzeln selbst abschneiden, dies vom Baumeigentümer fordern oder für den Rückschnitt aufgewendete Kosten von diesem ersetzt verlangen.

5.3.8 Selbsthilferecht

Ebenso wie bei Ästen und Zweigen darf ein Grundstückseigentümer vom Nachbargrundstück eingedrungene Wurzeln nur dann selbst kappen, wenn sie die Grundstücksnutzung konkret beeinträchtigen. Dies nahmen die Gerichte in der Vergangenheit an, wenn

- die Standfestigkeit einer Grundstücksmauer durch Baumwurzeln aufgehoben wird (BGH, 8.3.1990, III ZR 141/88, NJW 1990, 319).
- Baumwurzeln den Platten- oder Teerbelag eines Wegs auf dem Nachbargrundstück anheben (BGH, 28.11.2003, V ZR 99/03, NJW 2004, 603).
- Baumwurzeln den nachbarlichen Rasen durchwuchern, sodass eine sachgerechte Pflege und ein ungestörtes Wachstum nicht mehr möglich sind (AG München, 12.02.2010,121 C 15076/09).
- Wurzeln von einem Baum auf dem Nachbargrundstück oder auf öffentlichem Straßengelände in die eigene Abwasserleitung eindringen und diese verstopfen (BGH, 21.10.1994, V ZR 12/94, NJW 1995, 395).
- dem Grundstücksnachbarn eine Nutzung seines Grundstücks in dem von der Durchwurzelung betroffenen Bereich als Garten nicht möglich ist, und zwar weder als Zier- noch als Nutzgarten, weil dort eine Anpflanzung höherer Art

nicht gelingen kann, vielmehr nur einfache Bodendecker, Pilze oder teure und pflegeintensive Pflanzen gedeihen können (OLG Karlsruhe, 27. 5. 2014, 12 U 168/13, MDR 2014, 893).

5.3.9 Unter welchen Umständen Sie selbst tätig werden dürfen

Dringen Wurzeln auf das Nachbargrundstück, muss der Nachbar den Baumeigentümer weder informieren noch diesem eine Frist setzen, bevor er selbst Hand anlegt. Ist der Eingriff in den Wurzelbereich allerdings so massiv, dass er zu Baumschäden führen kann, wird eine vorherige Information des Baumeigentümers über den beabsichtigten Rückschnitt ausnahmsweise verlangt. Kappt der Nachbar die Wurzeln in einem solchen Fall dennoch ohne Rücksprache mit dem Baumeigentümer, kommen eventuell sogar Schadensersatzansprüche in Betracht (OLG Köln, 26.06.1993, 13 U 273/92, NuR 1995, 496).

5.3.10 Worauf Sie Anspruch haben

Wollen Sie nicht von Ihrem Selbsthilferecht Gebrauch machen und selbst zur Gartenschere greifen, können Sie auch hier wieder vom Baumeigentümer verlangen, dass dieser die störenden Wurzeln selbst beseitigt sowie Maßnahmen ergreift, die in Zukunft das Eindringen von Wurzeln in Ihr Grundstück verhindern (§ 1004 BGB).

Sie können allerdings auch einen Fachbetrieb mit dem Rückschnitt beauftragen und die dafür anfallenden Kosten vom Baumeigentümer ersetzt verlangen (§§ 812, 818 BGB).

BEISPIEL: Wurzelschäden

Heben zum Beispiel Baumwurzeln den Platten- oder Teerbelag eines Wegs auf dem Nachbargrundstück an, kann der Nachbar vom Baumeigentümer nicht nur die Aufwendungen für die Beseitigung der störenden Wurzeln, sondern auch für die anschließende Reparatur des Wegs und die Feststellung der Störungsursache ersetzt verlangen.

Ist der beeinträchtigte Grundstückseigentümer für den eingetretenen Schaden mitverantwortlich, kann sein Kostenerstattungsanspruch anteilig gemindert werden (§ 254 BGB). Dies entschied der BGH etwa in einem Fall, in dem die Verbindungsstücke zwischen den Rohren (Anschlussmuffen) einer Abwasserleitung fehlerhaft montiert und erst durch diese undichte Stelle das Eindringen von Wurzeln ermöglicht worden war (BGH, 21.10.1994,V ZR 12/94, NJW 1995, 395).

5.3.11 Bäume können unter einem besonderen Schutz stehen

Bevor Sie herüberwachsende Wurzeln oder Äste von Nachbars Bäumen beseitigen oder dies vom Baumeigentümer verlangen, sollten Sie bei der Gemeinde oder Stadt anfragen, ob der betreffende Baum nicht vielleicht durch eine Baumschutzsatzung geschützt ist. Ist dies der Fall, dürfen Wurzeln und Zweige in der Regel nicht ohne behördliche Ausnahmegenehmigung abgeschnitten werden. Eine Ausnahmegenehmigung kann sowohl der Baumeigentümer als auch der betroffene Nachbar beantragen (OLG Düsseldorf, 18.10.1991, 22 U 220/90, AgrarR 1992, 241).

5.4 Laub und Nadeln

Fallen Blätter von Nachbars Bäumen auf die eigene Garagenzufahrt, Terrasse oder in die Dachrinne, muss der Grundstückseigentümer dies in der Regel dulden und das Laub dazu auch noch entschädigungslos zusammenrechen und entsorgen.

Zwar zählt das Abfallen von Laub, Blüten, Nadeln und Zapfen zu den Immissionen (BGH, 14.11.2003, V ZR 102/03, NJW 2004, 1037). Allerdings lehnen die meisten Gerichte einen Abwehr- oder Entschädigungsanspruch in aller Regel ab, weil die Immissionen im Einzelfall zu keiner wesentlichen Beeinträchtigung der Grundstücksnutzung führen. So wurde zum Beispiel eine wesentliche Beeinträchtigung verneint, als von 30 Laubbäumen zentnerweise Laub beim Nachbarn landete, sodass dieser jeden dritten Tag in der Zeit von November bis März mit Aufräumarbeiten von circa einer Stunde beschäftigt war (LG Ulm, 22.10.1984, 2 O 339/84, NJW 1985, 440). Das Gleiche gilt, wenn Laub von 12 Birken und einer Eiche auf das Nachbargrundstück fällt und dort unter anderem die Schwimmbadnutzung beeinträchtigt (OLG Düsseldorf, 23.8.1995, 9 U 10/95, NJWE-MietR 1996, 2) oder die Blätter eines einzelnen Baums auf Terrasse, Kelleraufgang und Gehweg des Nachbarn wehen (LG Karlsruhe, 9.12.1983, 9 S 248/83, MDR 1984, 401).

Nehmen die Gerichte im Einzelfall doch einmal eine wesentliche Beeinträchtigung an, wird ein Abwehranspruch im Allgemeinen abgelehnt, weil die Gerichte die Beeinträchtigung als ortsüblich ansehen. In Wohngegenden mit Einfamilienhäusern und Gärten sei nun einmal mit Laub zu rechnen.

5.4.1 Kein Geld fürs welke Laub

Der Grundstückseigentümer bekommt für die Entsorgung des Laubs in der Regel auch keinen Geldausgleich. Pflanzliche Immissionen treten nur zu bestimmten Jahreszeiten auf und innerhalb bestimmter Zeiträume. Sie können üblicherweise mit einem relativ geringen Arbeits- und Zeitaufwand beseitigt werden, so haben die Gerichte befunden. Zudem erhöhe ein alter Baumbestand die Qualität des Wohnumfeldes. Wer auf der einen Seite die Vorteile genieße, die eine begrünte Wohngegend biete, müsse auf der anderen Seite auch saisonbedingte Einwirkungen der Begrünung hinnehmen (OLG Düsseldorf, 23.8.1995, 9 U 10/95, NJWE-MietR 1996, 2).

Nur in seltenen Einzelfällen wurde von manchen Gerichten eine gegenteilige Auffassung vertreten und ein Geldausgleich für erhöhten Reinigungsaufwand gewährt, der dann allerdings äußerst gering ausfiel. So bekam der Nachbar

- 250 Euro für 31 Stunden im Jahr (LG Lübeck, 2.9.1986, 14 S 122/85, NJW-RR 1987,532);
- 50 Euro für 13 Stunden im Jahr (LG Wiesbaden, 6.7.1978, 1 S 421/77, NJW 1979, 2617);
- 150 Euro im Jahr (OLG Karlsruhe, 9.3.1983, 6 U 150/82, NJW 1983, 2886).

5.4.2 Geschützte Bäume

Handelt es sich um Bäume, die naturschutzrechtlich oder durch eine Baumschutzsatzung beziehungsweise -verordnung geschützt sind, hat der Nachbar schon aufgrund öffentlich-rechtlicher Vorschriften keinen Beseitigungs- beziehungsweise Entschädigungsanspruch wegen des von diesen Bäumen ausgehenden Laubfalls. Wer eine öffentlich-rechtliche Verpflichtung befolgt, den Baumbestand zu erhalten, kann nicht zugleich wegen des von diesem zwangsläufig ausgehenden Laubfalls privatrechtlich haftbar gemacht werden (OLG Hamm, 1.12.2008, 6 U 115/08, NZM 2009, 335).

5.4.3 Ausnahmefälle I

Nur in seltenen Ausnahmefällen, wenn extrem vermehrter Laub- oder Nadelfall von kranken Pflanzen oder solchen auf einem verwilderten Grundstück ausgeht, kann ein Abwehr- beziehungsweise Entschädigungsanspruch des Nachbarn unter Umständen begründet sein (LG Stuttgart, 16.7.1985, 27 O 310/85, NJW 1985, 23).

5.4.4 Ausnahmefälle II

Der BGH billigt dem Nachbarn ausnahmsweise dann einen Anspruch auf Entschädigung nach § 906 Abs. 2 BGB zu, wenn ein erhöhter Reinigungsbedarf durch Bäume entsteht, die den landesgesetzlich vorgeschriebenen Grenzabstand nicht einhalten und deren Entfernung wegen Ablaufs der Verjährungsfrist nicht mehr verlangt werden kann (BGH, 14.11.2003, V ZR 102/03, NJW 2004, 1037).

! ACHTUNG: Entsorgen Sie das Laub nicht beim Nachbarn

Hat sich auf Ihrem Grundstück wieder einmal Laub von Nachbars Bäumen angesammelt, dürfen Sie es nicht einfach auf das Nachbargrundstück zurückschaufeln. Dies wäre ein Verstoß gegen das Abfallgesetz, der zu einem Bußgeld führen könnte.

5.5 Verwilderung und Unkrautsamen

Lässt ein Eigentümer seinen Garten verwildern, sodass unerwünschte Blüten und Samen auf das eigene Grundstück gelangen, kann der Nachbar in aller Regel nichts dagegen machen. Die Störung sei auf Naturkräfte zurückzuführen, so die Gerichte (BGH, 23.4.1993, V ZR 250/92, NJW 1993, 1855).

Lediglich in Extremfällen und unter ganz außergewöhnlichen Umständen kommt ein Abwehranspruch des betroffenen Nachbarn in Betracht. Ein solcher kann sich auch ganz ausnahmsweise aus dem nachbarlichen Gemeinschaftsverhältnis ergeben. Dies kommt dann infrage, wenn ein Eigentümer in einer Wohngegend mit gärtnerisch gepflegten Grundstücken sein eigenes ungenutztes Grundstück über Jahre hinweg so stark verwahrlosen und verunkrauten lässt, dass dieses zu einem regelrechten Brennnesselmeer wird und sich die Brennnesseln auf das Nachbargrundstück ausweiten, obwohl er dies ohne großen Aufwand hätte verhindern können (OLG Karlsruhe, 4.6.1971, RdL 1972, 8).

Anders ist dies aber, wenn keine solche Ausnahmesituation vorliegt. So kann von einem Eigentümer, der die wild wuchernde Wiese auf seinem unbebauten Grundstück in einer Neubausiedlung einmal jährlich mäht, nicht verlangt werden, dass er auch noch das Unkraut beseitigt (AG Tecklenburg, 14.2.1979, 5 C 598/78, MDR 1981, 51). Ebenso wenig kann der Eigentümer eines landwirtschaftlich genutzten Grundstücks verlangen, dass auf dem Nachbargrundstück Disteln beseitigt werden (OLG Schleswig, 12.01.1993, 3 U 205/91, NuR 1994, 103).

5.6 Früchte

Fallen die Früchte eines Baumes oder Strauches, dessen Zweige über die Grundstücksgrenze ragen, auf Ihr Grundstück, dürfen Sie diese ohne Reue aufheben, behalten und genießen (§ 911 Satz 1 BGB). Dies gilt allerdings nur für Fallobst, das durch Reife oder Wind von alleine von den Ästen gefallen ist. Dagegen dürfen Sie nicht nachhelfen und die Früchte von den auf Ihr Grundstück hinüber ragenden Zweigen pflücken oder abschütteln. Andernfalls müssen Sie diese Früchte an den Baum- oder Straucheigentümer herausgeben.

Hängen Früchte fest an den Zweigen, gehören sie dem Baum- oder Straucheigentümer. Dies gilt auch für Früchte an Ästen, die in das Grundstück des Nachbarn ragen. Von seinem Grundstück aus darf der Baum- oder Straucheigentümer die über dem Nachbargrundstück hängenden Früchte abernten. Er ist aber nicht berechtigt, das Nachbargrundstück für die Ernte ohne Erlaubnis des Nachbarn zu betreten.

Darf der Nachbar nach § 910 BGB die vom angrenzenden Grundstück überhängenden Zweige abschneiden, erwirbt er auch das Eigentum an den daran wachsenden Früchten.

Wird dem Nachbarn das Fallobst lästig, muss er dieses nicht auf seinem Grundstück dulden. Vielmehr kann er vom Baum- oder Straucheigentümer gemäß § 1004 BGB verlangen, dass dieser die heruntergefallenen Früchte beseitigt beziehungsweise ihm die Beseitigungskosten nach §§ 812, 818 BGB ersetzt (AG Backnang, 31.3.1989, 3 C 35/89, NJW-RR 1989, 785).

Ragen die Zweige in ein dem allgemeinen Gebrauch dienendes Grundstück, etwa den öffentlichen Straßengrund oder einen öffentlichen Park hinein, bleibt das Fallobst im Eigentum des Baum- oder Straucheigentümers (§ 911 Satz 2 BGB). Ein Dritter darf dieses nur dann an sich nehmen, wenn der Eigentümer das Fallobst über längere Zeit liegen lässt. In diesem Fall kann davon ausgegangen werden, dass er auf sein Eigentum verzichten will.

5.7 Rankende Pflanzen

Dringt Efeu oder wilder Wein vom Nachbarn über die Grundstücksgrenze in das eigene Grundstück, können Sie Entfernung der störenden Ranken nach § 1004 BGB verlangen. Das Gleiche gilt für deren Wurzeln, wenn diese etwa den Plattenbelag auf Ihrem Grundstück beschädigen oder in die Fundamentmauer eindringen. Kommt der Nachbar Ihrer Aufforderung mit Fristsetzung nicht nach, dürfen Sie die störenden Ranken selbst kappen.

BEISPIEL: Wenn wilder Wein wuchert

An einer Hausfassade rankte sich wilder Wein empor und griff auch auf die Fassade des Nachbarhauses über. Dessen Eigentümer verlangte zunächst von seinem Nachbarn, die Ranken zurückzuschneiden. Weil die Pflanze stark wucherte, wiederholte sich nach kurzer Zeit das Problem.

Der Hauseigentümer forderte nun, den wilden Wein komplett zu entfernen, weil seine Fassade nicht mehr vernünftig gestrichen werden könne. Das LG Berlin gab ihm recht und entschied, der wilde Wein müsse ganz weg. Allein das Zurückschneiden könne die stark wachsende Pflanze nicht stoppen. Dem Nachbarn sei nicht zuzumuten, in regelmäßigen Abständen die Beseitigung der Triebe und auch noch der dadurch entstehenden Fassadenschäden zu verlangen. Dahinter trete das Interesse des Besitzers des weinberankten Hauses zurück, die Pflanze zu erhalten (LG Berlin, 27. 2. 2007, 53 S 122/06, GE 2008, 57).

Ein Grundstückseigentümer hat gegen den Eigentümer des Nachbargrundstücks einen Anspruch auf Beseitigung eines an seiner Hauswand angebrachten Rankgitters mit Efeubewuchs. Denn das Anbringen des Rankgitters und des Efeus an der zu seinem Eigentum gehörenden Wand stellt eine Eigentumsbeeinträchtigung im Sinne von § 1004 Abs. 1 Satz 1 BGB dar (LG Berlin, 9.7.2013, 55 S 372/11, GE 2014, 57).

6 Das (störende) Leben der anderen

6.1 Lärm und Schallschutz

Einer der häufigsten Streitpunkte unter Nachbarn ist die Lärmstörung. Der laut laufende Fernseher bei der 85-jährigen schwerhörigen Wohnungsnachbarin oder die mehrköpfige Familie, die durch Schreien oder Trampeln den unterliegenden Nachbarn drangsaliert, muss nicht widerspruchslos hingenommen werden. Allerdings ist nicht jedes Geräusch verboten, vor allem bei Kinderlärm wird eine höhere Toleranz der Nachbarn gefordert. Zudem kommt es auch darauf an, ob es sich um einen hellhörigen Altbau oder um einen Neubau handelt, der höheren Schallschutzanforderungen unterliegt.

BEISPIEL: Lärmdämmung

Nachbarmieter beklagten sich über Kindertrampeln und gelegentliches Fallenlassen von Gegenständen in der darüber liegenden Wohnung. Sie verlangten Lärm dämmende Maßnahmen durch die Verlegung eines Teppichbodens. Das OLG Düsseldorf lehnte diese Klage jedoch ab und begründete dies damit, dass der Mieter gegen einen im gleichen Haus wohnenden anderen Mieter keinen Anspruch auf Lärm dämmende Maßnahmen habe, wenn er sich wegen der Hellhörigkeit des Hauses durch Geräusche normaler Wohnnutzung gestört fühle (29.1.1997, 9 U 218/96, WuM 1997, 221).

Es kommt auch darauf an, wie empfindlich der gestörte Nachbar ist: Die Rechtsprechung geht von dem normal empfindlichen Durchschnittsmenschen aus. Zwar wurden die gesetzlichen Anforderungen an den Schallschutz in den letzten Jahrzehnten erheblich verschärft. Sie gelten jedoch nur für Neubauten, nicht für Bestandsgebäude. Baut der Vermieter aber nachträglich das Dachgeschoss zu einer neuen Wohnung aus, kann der Mieter verlangen, dass er die zum Zeitpunkt des Ausbaus geltenden Grenzwerte für den Trittschall einhält (BGH, 6.10.2004, VIII ZR 355/03, GE 2004, 1586). Für Altbauten gelten lediglich die Mindestvorschriften zum Schallschutz, die sich in der DIN 4109 finden. Altbauten müssen mindestens die Schallschutzwerte erreichen, die in dieser Norm zur Zeit der Errichtung des Gebäudes vorgeschrieben waren.

6.1.1 Schallschutz in Mietshäusern

Der Mieter kann einen besseren Schallschutz als zur Zeit der Errichtung vorgeschrieben nur verlangen, wenn dies ausdrücklich vereinbart wurde.

Gibt es keine gesonderte Vereinbarung, schuldet der Vermieter nur den Wohnstandard, wie er bei vergleichbaren Wohnungen üblich ist. Dabei werden Alter, Ausstattung, Art des Gebäudes sowie die Höhe der Miete berücksichtigt (BGH, 23.9.2009, VIII ZR 300/08, NZM 2009, 855).

Der Vermieter muss auch die für den Wohnstandard bestehenden technischen Normen einhalten. Hier kommt es immer auf den bei Errichtung des Gebäudes geltenden Maßstab an. Der Mieter einer älteren Wohnung kann daher nicht die Einhaltung von aktuellen Schallschutzbestimmungen fordern. Dies gilt auch dann, wenn sich die Schalldämmung durch Maßnahmen anderer Mieter, zum Beispiel durch Verlegung von Bodenfliesen, gegenüber dem Zeitpunkt der Anmietung verschlechtert hat (BGH, 17.6.2009, VIII ZR 131/08, NZM 2009, 580). Entspricht der Schallschutz des Anwesens zwar nicht den aktuellen, aber den zum Zeitpunkt der Errichtung des Anwesens geltenden DIN-Normen, hat der Mieter keinen Anspruch auf Nachbesserung und ist auch nicht zur Minderung der Miete berechtigt (BGH, 7.7.2010, VIII ZR 85/09, NZM 2010, 618). Tauscht etwa ein Wohnungseigentümer den Teppichboden gegen Parkett aus, muss das Parkett nur den Trittschallschutz gewährleisten, der dem ursprünglich festgelegten Schallschutzniveau des Gebäudes entspricht (OLG Brandenburg, 20.5.2010, 5 Wx 20/09, ZWE 2010, 272).

Allerdings hat das OLG Düsseldorf entschieden, dass der Störer verpflichtet sei, den ursprünglichen Schallschutz wieder herzustellen, wenn die Veränderung des Bodenbelages zu Trittschallbelästigungen in der darunter liegenden Eigentumswohnung führt, die über das bei einem geordneten Zusammenleben unvermeidliche Maß hinausgehen (13.11.2007, 3 Wx 115/07, ZMR 2008, 223).

6.1.2 Schnarchgeräusche

Nicht nur durch Trittschall, auch durch andere unangenehme Geräusche können sich die Mitbewohner belästigt fühlen: In einem Mehrfamilienhaus hörte ein Wohnungsnachbar laute Schnarchgeräusche aus der unterliegenden Wohnung. Das AG Bonn wies die Schadensersatzklage der Mieter gegen die Vermieterin ab. Diese hatte den Mietern eine ruhige Wohnung versprochen. Die Mieter fühlten sich getäuscht und kündigten nach vier Monaten fristlos. Einen Grund für die fristlose Kündigung sah das Amtsgericht jedoch nicht, schließlich könnten Mieter in einem

Mehrparteienhaus nicht erwarten, dass alle Geräusche ausgeschlossen werden. Zudem verfüge das Wohnhaus laut einem Gutachten über einen ausreichenden Schallschutz, weshalb die Geräusche schlichtweg zu akzeptieren seien. Auch die Vermieterin könne für die Geräusche des Nachbarn nicht zur Rechenschaft gezogen werden, denn als sie den Eheleuten ein ruhiges Objekt angeboten hatte, hatte sie die ruhige Lage des Wohnhauses gemeint (25.3.2010, 6 C 598/08, NZM 2010, 619).

TIPP: Geräusche im Altbau

Wer eine klassische Altbauwohnung anmietet, kann nicht erwarten, dass keine Geräusche aus der Nachbarwohnung zu hören sind. Der Vermieter ist nicht verpflichtet, darauf hinzuweisen, dass Geräusche aus der Nachbarwohnung zu vernehmen sein könnten. Dies ist für Mieter in einem Mehrfamilienhaus offenkundig.
Mieter sollten dennoch entsprechende Mängel dem Vermieter anzeigen und die Miete bei Überschreitung der gesetzlichen Richtlinien mindern beziehungsweise den Vermieter zur Beseitigung der Lärmstörung auffordern. Daneben können die Mieter gegenüber ihren störenden Nachbarn unter Umständen auch Unterlassung der Lärmstörungen verlangen.

6.1.3 Mietminderung

Wurden die Schallschutzwerte beim Bau eines Hauses jedoch nicht beachtet beziehungsweise treten Schallisolierungsprobleme trotz korrekter Bauweise auf, steht dem Mieter ein Recht auf Mietminderung zu. So konnten Mieter einer Doppelhaushälfte die Miete um 20 Prozent kürzen, weil die Schallisolierung zwischen den beiden Doppelhaushälften so schlecht war, dass man am Leben der Anderen teilnahm. Stühle rücken, Nase putzen, Husten und den jeweiligen Aufenthaltsort des Nachbarn mitbekommen - das alles brauchten die Nachbarn nicht entschädigungslos hinzunehmen (AG Trier, 22.5.2002, 5 C 346/01, WuM 2002, 308).

Lärm kann damit als Mangel der Mietsache gelten und Minderungsansprüche des Mieters auslösen. Lärmbelästigungen durch andere Mitmieter können zu Schadensersatzansprüchen des Vermieters oder zu einer Kündigung führen. Welches die richtige Vorgehensweise ist, richtet sich grundsätzlich nach der Ursache des Lärms. Solche Ursachen können vielfältig sein, zum Beispiel

- Trittschall
- Geräusche von Aufzug oder Lüftungsanlage
- Partys der Mitbewohner
- Hundebellen

- Kinderlärm
- Benutzung von Haushaltsgeräten
- Schnarchende Nachbarn
- Baulärm aus der Nachbarschaft
- Baulärm im Haus
- Verkehrslärm
- Gaststättenlärm.

Aus Sicht des Mieters handelt es sich um einen Mangel, wenn die Immissionen die Benutzung der Mieträume zum vertragsgemäßen Gebrauch erheblich beeinträchtigen, § 536 Abs. 1 BGB. Ist dem so, steht dem Mieter ein Mietminderungsrecht zu. Die Minderungsquote bestimmt sich nach dem jeweiligen Maß der Beeinträchtigung. Ausnahmsweise können Lärmbeeinträchtigungen auch ein außerordentliches fristloses Kündigungsrecht des Mieters begründen.

6.1.4 Tolerierter Lärm

Einen gewissen Lärm darf der Mieter natürlich in seiner Mietwohnung machen, also Radio hören, fernsehen, Haushaltsgeräte benutzen, Musikinstrumente spielen oder ein Haustier halten. Damit verbundene Geräusche sind als vertragsgemäß von den Nachbarn und Mitbewohnern zu dulden, wenn dabei Zimmerlautstärke eingehalten wird.

6.2 Kinder

Der Lärm spielender Kinder muss in gewissem Umfang von jedem Hausbewohner hingenommen werden. Wann dieses Maß überschritten ist, hängt vom jeweiligen Einzelfall ab. Störendes Herumtrampeln von Kindern, lautes Stampfen mit den Füßen auf den Boden, insbesondere durch Springen und Hüpfen, zählt nicht mehr zum normalen Wohngebrauch und ist zu unterlassen (BayObLG, 16.12.1993, 2 Z BR 113/93, WuM 1994, 151). Die Eltern trifft eine erhöhte Aufsichtspflicht, vor allem während der Ruhezeiten, also mittags zwischen 13 und 15 Uhr und abends ab 22 Uhr bis zum nächsten Morgen um 7 Uhr. Regelungen über die Ruhezeiten können sich aus den jeweiligen Hausordnungen ergeben. Häufig werden die Ruhezeiten auch durch gemeindliche Verordnungen festgelegt in Verbindung mit den Immissionsschutzgesetzen.

6.2.1 Spezielle Verordnungen

In der Landeshauptstadt München zum Beispiel gilt die „Hausarbeits- und Musiklärmverordnung" vom 5.8.2003. Danach dürfen ruhestörende Haus- und Gartenarbeiten nur an Montagen bis Samstagen zwischen 8 und 12 Uhr sowie zwischen 15 und 18 Uhr ausgeführt werden. Erkundigen Sie sich bei Ihrer Stadt oder Gemeinde, ob es solche speziellen Verordnungen gibt.

Das Lachen, Weinen und Schreien von Kleinkindern muss aber als natürliches Verhalten grundsätzlich hingenommen werden. Dies gilt auch für den von Kindern auf einem Kinderspielplatz ausgehenden Lärm. Nachbarn können deshalb nicht die Miete mindern.

TIPP: Die Kinder auf dem Spielplatz nebenan

Auch die von einem Spielplatz in der Wohnanlage ausgehenden Geräusche spielender Kinder und Jugendlicher sind hinzunehmen und mindern nicht die Miete (AG Köln, 13.1.1993, 220 C 275/92, WuM 1993, 606).
Eine Kündigung wegen Kinderlärms ist damit für den Vermieter immer eine Gratwanderung. So hatte ein Vermieter mit der Begründung fristlos gekündigt, dass das „Getrampel und Geschrei" der Tochter des Mieters insbesondere in den Abendstunden das zumutbare Maß überschreite. Der Mieter wehrte sich mit Erfolg. Bei der fristlosen Kündigung eines Mietverhältnisses, die mit störendem Kinderlärm begründet wird, sei eine Abmahnung erforderlich, wobei ein enger zeitlicher Zusammenhang zwischen der Abmahnung und dem zur Kündigung führenden Verstoß bestehen müsse, entschied das LG Halle. Störungen durch altersgerechtes kindliches Verhalten könnten nicht die Kündigung des Mietvertrags rechtfertigen. Dem Mieter müsse durch entsprechende Abmahnungen nachdrücklich die Gelegenheit gegeben werden, auf seine Kinder einzuwirken (11.1.2002, 1 S 192/01, NZM 2003, 309).
Eltern müssen aber aufgrund ihrer Erziehungsrechte und -pflichten tätig werden, wenn das Getrampel der Kinder über das bei einem geordneten Zusammenleben unvermeidliche Maß hinausgeht.
Was für das Verhalten der Kinder innerhalb der Wohnung gilt, ist auch außerhalb der Wohnung bei der Nutzung von Gemeinschaftseinrichtungen zu beachten. So dürfen Kinder zum Beispiel im Treppenhaus oder in den Kellerräumen nicht Rollschuhe oder Fahrrad fahren. Oder gar den Fahrstuhl als Spielzeug benutzen. Auf den Grünflächen, die von allen Mietern gemeinsam genutzt werden können, dürfen sie aber unbehelligt spielen.

6.2.2 Erstellen Sie ein Lärmprotokoll

Wenn Sie sich durch Kinderlärm beeinträchtigt fühlen, sollten Sie sich an den Eigentümer der Wohnung wenden und um Abhilfe bitten. Erstellen Sie in jedem Fall ein Lärmprotokoll, das Ort, Zeitpunkt, Art und Intensität des Lärms über einen gewissen Zeitraum dokumentiert. Fragen Sie auch andere Nachbarn und Mitbewohner im Haus und führen Sie diese ebenfalls als Zeugen für die Lärmstörung an. Bitten Sie den Eigentümer beziehungsweise Vermieter, Sie bezüglich seiner Versuche, den Lärm zu unterbinden, etwa durch eine Abmahnung, auf dem Laufenden zu halten. Falls Sie einmal ein eigenes Lärmprotokoll erstellen müssen, können Sie sich an folgendem Muster orientieren:

Lärmprotokoll				
Datum	Dauer (von ... bis)	Art des Lärms	Auswirkungen	Zeuge
5.5.	7.00–7.15	Hundegebell	Nächtliche Ruhestörung	Mieterin Frau K.
8.5.	12.30–14.00	Trampeln	Störung der Mittagsruhe	Mieter Herr J.
10.5.	20.00–1.00	Partylärm	Nächtliche Ruhestörung	Mieter Herr M.
12.5.	9.30–11.30	Bohrgeräusche	Fernseher nicht mehr zu verstehen	Mieter Herr N.

Muster für ein Lärmprotokoll

Zu Redaktionsschluss ist eine Novelle des Bundes-Immissionsschutzgesetzes geplant, die Kinderlärm privilegiert. Flankierend beabsichtigt das Bundesbauministerium die Baunutzungsverordnung so zu ändern. dass in reinen Wohngebieten auch Kindertageseinrichtungen zugelassen werden.

Am 16. Februar 2011 beschloss das Kabinett den vom Bundesbauministerium vorgeschlagenen „Entwurf eines Zehnten Gesetzes zur Änderung des Bundesimmissionsschutzgesetzes – Privilegierung des von Kindertageseinrichtungen und Kinderspielplätzen ausgehenden Kinderlärms". Diese Regelung wird sich auf das zivile Nachbarschaftsrecht auswirken, sodass davon ausgegangen werden kann, dass dieser Lärm im Regelfall auch keine wesentliche Beeinträchtigung für benachbarte Grundstücke mehr darstellt.

6.3 Musik

Die Hausbewohner dürfen in ihrer Wohnung Musik machen und hören. Dieses Recht kann ihnen nicht versagt werden. Aber für die Musikausübung gilt nichts anderes als sonst auch: Es muss auf die übrigen Bewohner und Nachbarn im Haus Rücksicht genommen werden. Das gilt vor allen Dingen während der üblichen Ruhezeiten. Oft enthalten auch Hausordnungen Einschränkungen. So entspricht es durchaus der Regel, das Musizieren nur für zwei Stunden am Tag zu erlauben. Dabei kommt es wie immer auf die Umstände des Einzelfalls an, also zum Beispiel auf die Art des Instruments, die Intensität der Ausübung und den Schallschutz bzw. die Hellhörigkeit des Gebäudes. Während der Ruhezeiten muss in jedem Fall Zimmerlautstärke eingehalten werden. Zimmerlautstärke bedeutet, dass die Geräusche in den angrenzenden Wohnungen nur noch geringfügig zu hören sein dürfen, sodass sie der Durchschnittsmensch kaum noch wahrnimmt.

Die Faustregel hierbei lautet: Bei durch Musik verursachtem Lärm muss zwischen dem Ruhebedürfnis des Einen und dem Recht auf Musizieren des Anderen abgewogen werden.

Was aber, wenn es sich um einen Berufsmusiker handelt, der auf tägliches Üben angewiesen ist? Mindestens zwei Stunden täglich darf er auf seinem Instrument spielen. Häufig wird auch der Mietvertrag schon eine Regelung zur Spieldauer enthalten. Die Gerichte urteilten bisher allerdings nicht einheitlich. So erlaubte etwa das AG Frankfurt Klavierspielen nur bis zu 90 Minuten täglich. Alles andere sei in einem hellhörigen Mietshaus rücksichtslos. Manche Gerichte legen auch bestimmte Spielzeiten fest: Das LG Düsseldorf entschied etwa, dass Klavierspiel in der Wohnung werktags nur bis 20 Uhr, samstags-, sonn- und feiertags nur bis 19 Uhr zulässig ist, einmal wöchentlich bis 21.30 Uhr, einmal im Monat auch an einem Samstag, Sonn- und Feiertag bis zu dieser Zeit. Einem Berufstätigen sei es nicht zumutbar, dass er außerhalb der gültigen Ruhezeiten während seiner abendlichen Freizeit durch nachbarliches Klavierspiel beeinträchtigt wird (22.12.1989, 22 S 574/89, DWW 1990, S. 87).

▶ **BEISPIEL: Der Berufsmusiker im Haus**

Berufsmusikern räumte das LG Flensburg dagegen noch größere Freiräume ein: Die Familie eines Berufsmusikers dürfe montags bis freitags von 9 bis 13 Uhr und von 15 bis 19 Uhr; samstags, sonn- und feiertags zwischen 10 und 13 Uhr und 15 und 18 Uhr musizieren. Innerhalb dieser Zeiten dürften der Mieter beziehungsweise seine Kinder entweder jeder für sich allein nacheinander oder als Duo oder Trio spielen, nicht aber zeitgleich jeder selbstständig unabhängig von anderen oder gar in verschiedenen Räumen der Wohnung (18.12.1992, 7 S 167/92, DWW 1993, 102).

In einem anderen Fall ging es um Hausmusik und Klavierunterricht. Hier entschied das LG Frankfurt, dass der musikalische Mieter, unabhängig von der Gestattung des Klavierspiels durch eine Vereinbarung im Mietvertrag, werktags zwischen 7 und 17 Uhr spielen dürfe, zwischen 17 und 22 Uhr aber nicht länger als drei Stunden, an Sonn- und Feiertagen maximal fünf Stunden (12.10.1989, 2/25 O 359/89, WuM 1990, S. 287).

Nehmen Sie aufeinander Rücksicht

Grundsätzlich gilt für alle Bewohner eines Mehrfamilienhauses das Gebot der gegenseitigen Rücksichtnahme. Alle Bewohner eines Hauses müssen ihr Verhalten an der tatsächlichen Wohnsituation ausrichten: Baujahr und Hellhörigkeit des Gebäudes spielen ebenso eine Rolle wie die Zusammensetzung der Bewohnerschaft. Auch die Tatsache, in welcher Gegend — laut oder verkehrsberuhigt, in einer reinen Wohngegend oder in einem gemischten Gebiet mit Gewerbebetrieben — das Gebäude liegt, spielt eine Rolle.

6.4 Partys

Auch wer Feste feiert, muss auf seine Nachbarn Rücksicht nehmen. Die Zimmerlautstärke kann hier ausnahmsweise überschritten werden. Allerdings gibt es kein verbrieftes Recht der Nachbarn, einmal im Monat lautstark zu feiern. Im Gegenteil, es ist grundsätzlich nicht zulässig, die Nachtruhe der Nachbarn wegen einer persönlichen, beruflichen oder familiären Feier zu stören. Nur bei besonderen Anlässen darf der Nachbar auch einmal in Mitleidenschaft gezogen werden, etwa anlässlich einer Hochzeit, Silvester- oder Karnevalsfeier. Wer zu viel und zu lange feiert, riskiert unter Umständen auch ein Bußgeld. 100 Euro musste ein feiernder Nachbar für seine Grillparty berappen, die bis in die Morgenstunden andauerte und bei der der Qualm des Holzkohlegrills in die Fenster der Nachbarwohnungen drang (OLG Düsseldorf, 26.5.1995, 5 Ss (OWi) 149-95-(OWi) 79/95 I, WuM 1996, 56).

TIPP: Fristlose Kündigung

Bei extremem Feiern können Sie als Vermieter ihrem Mieter nach einer erfolglosen Abmahnung auch fristlos kündigen.

Besuch

Mieter dürfen Besuch in ihrer Wohnung — auch über Nacht — haben. Ob es sich um Herren- oder um Damenbesuch handelt, spielt keine Rolle. Schwer dürfte häufig die Grenze zu ziehen sein, wann man von einer dauernden Aufnahme des Dritten in die Wohnung sprechen kann, da auch ein Besuch auf längere Zeit erlaubt ist. Mieter dürfen auch ohne Einwilligung des Vermieters sechs bis acht Wochen lang jemanden beherbergen. Erst ein Zeitraum von drei Monaten gilt als Überschreitung der normalen Besuchsdauer (AG Frankfurt/Main- Höchst, 12.1.1995, Hö 3 C 5170/94, WuM 1995, 396).

6.5 Geräusche des alltäglichen Lebens

Auch Radio und Fernsehen dürfen nur mit Zimmerlautstärke aufgedreht werden, das heißt außerhalb der Wohnung darf von diesen Geräuschen im Normalfall nichts zu hören sein.

Wäscht der Nachbar, muss der Mitbewohner die Geräusche der Waschmaschine oder des Trockners klaglos hinnehmen. Auch die Geräusche eines Staubsaugers oder einer Spülmaschine müssen toleriert werden, denn die Benutzung moderner, gesicherter Haushaltsgeräte gehört zum vertragsgemäßen Gebrauch. Sie dürfen nicht ohne triftigen Grund dem Mieter Einrichtungen versagen, die ihm das Leben in der Mietwohnung erheblich angenehmer gestalten können, wenn durch den Betrieb der Geräte die Mietsache nicht verschlechtert und der Vermieter nicht beeinträchtigt wird (AG Hameln, 17.12.1993, 23 C 380/93, WuM 1994, 426).

▶ **BEISPIEL: Der Waschtag**

Eine Mieterin, die den Sonntag zum Waschtag erklärt hatte, bekam vor Gericht Recht. Die daraus entstehenden Geräusche sind zumutbar, da sie sich normalerweise im üblichen Rahmen hielten, was bei modernen Waschmaschinen in der Regel immer der Fall sei.
Auch das Heimwerken — wenn es außerhalb der allgemeinen Ruhezeiten — erfolgt, muss von den Nachbarn toleriert werden.

6.5.1 Rasenmähen

Das Rasenmähen ist ebenfalls an die Ruhezeiten gebunden: Fragen Sie in Ihrer Gemeinde nach, zu welchen Zeiten Sie den Garten pflegen dürfen. Mit der Geräte- und Maschinenlärmschutzverordnung werden nicht nur motorbetriebene Rasenmäher einschließlich Gras- und Rasentrimmer sowie Gras- und Rasenkantenschneider erfasst, sondern auch Kettensägen, Heckenscheren, Vertikutierer, Häcksler, Laubbläser und Laubsammler. Für sie alle besteht ein Betriebsverbot an Sonn- und Feiertagen, sowie an Werktagen zwischen 20 Uhr abends und 7 Uhr früh.

6.5.2 Toilettenspülung

Die Benutzung der Toilette und Wasserspülung ist grundsätzlich rund um die Uhr erlaubt.

6.5.3 Baden und Duschen

Selbst wenn die Hausordnung nachts einen Wasserstopp verlangt, dürfen Mieter nach Mitternacht duschen. Gerichtsurteile haben wiederholt gegen die Hausordnung und für das Recht des Mieters auf Baden und Duschen auch nach 22 Uhr entschieden. Beim Laufenlassen des Badewassers handele es sich ebenso wie bei der Betätigung der WC-Spülung um normale Wohngeräusche (AG Münster, 18.1.1983, 28 C 539/82, WuM 1983, 236). Das nächtliche Duschen in einem Mehrfamilienhaus sollte nach der Rechtsprechung aber nicht länger als 30 Minuten dauern (OLG Düsseldorf, 25.1.1991, 5 Ss (OWi) 411/90- (OWi) 181/90 I, NJW 1991, 1625).

6.5.4 Streit und Liebe

Auch wenn es einmal zum Zoff kommt zwischen den Eheleuten, muss dies als sozialadäquate Lebensäußerung von den übrigen Hausbewohnern hingenommen werden. Wird dabei allerdings die Nachtruhe der Nachbarn mehrmals hintereinander jeweils über 30 Minuten lang gestört, können sich diese dagegen wehren (AG Düsseldorf, 18.7.1991, 302 OWi/94 Js 708/91, NJW 1992, 384).

Was dem einen Freud ist, ist dem anderen Leid: Während sich die einen mit lautstarkem Sex-Stöhnen und Yippi-Rufen im Bett vergnügen, finden die darüber in ihren Betten liegenden Nachbarn dies gar nicht witzig, da sie nicht schlafen können. Hier gilt wie für alle anderen Geräusche auch, dass Zimmerlautstärke eingehalten werden muss. Die Lärmverursacher müssten sich auch beim Sex so verhalten, dass sie die Mitbewohner nicht stören. Ein grenzenloses Ausleben des Sexuallebens sei auch nicht durch das allgemeine Persönlichkeitsrecht gedeckt (AG Warendorf, 19.8.1997, 5 C 414/97, DWW 1997, 344).

6.6 Was Sie gegen Lärmstörungen tun können

Wer sich durch den Lärm aus der Nachbarwohnung beeinträchtigt fühlt, wendet sich zunächst an den Störenfried selbst. Entstanden die Geräusche allerdings durch eine normale Wohnnutzung, gehen die Ansprüche des sich gestört Fühlenden ins Leere. Das gilt auch dann, wenn die Störung an der Hellhörigkeit des Gebäudes liegt und nicht an dem rücksichtslosen Verhalten des Nachbarn. Hat der Nachbar sein störendes Verhalten allerdings zu verantworten und hilft auch ein Gespräch nicht, bleibt nur eine Klage vor Gericht. Unter Umständen muss dann eine Einstweilige Verfügung beantragt werden.

Ansonsten kann sich der betroffene Nachbar auch an den Vermieter der Wohnung wenden, wenn dessen Mieter den Lärm verursacht haben.

Sind Sie dagegen Mieter und fühlen sich durch Nachbarn gestört, wenden Sie sich an Ihren eigenen Vermieter. Er muss dafür sorgen, dass sich die Wohnung in einem vertragsgemäßen Zustand befindet, sich also auch darum kümmern, dass Sie lärmfrei wohnen können. Es ist dann seine Sache, sich an den Vermieter oder Eigentümer der störenden Nachbarn zu wenden und um Abhilfe zu ersuchen. Allerdings kann er von Ihnen verlangen, dass Sie ein Lärmprotokoll erstellen.

Sie als Mieter können bei Lärmstörungen auch die Miete mindern. So berechtigt etwa der Trittschall aus einem über der Wohnung gelegenen Büro zu einer fünfzehnprozentigen Mietminderung (LG Karlsruhe, 8.5.1987, 9 S 394/86, DWW 1987, 234).

Schließlich können Sie als Mieter die Mietwohnung auch fristlos kündigen, wenn der Lärm so stark ist, dass er Ihre Gesundheit angreift, etwa wenn Sie andauernd in Ihrer Nachtruhe gestört werden. Schlussendlich können Sie den Störer auch auf Schadensersatz verklagen.

6.6.1 Lärm in der Nachbarschaft

Sollten Sie als Vermieter mit Lärm aus der Nachbarschaft konfrontiert werden, gibt es verschiedene Dinge, die Sie dabei beachten müssen. Sind Sie nicht der alleinige Eigentümer des Hauses, sondern gibt es noch einen Miteigentümer, der ebenfalls Wohnungen darin vermietet, müssen Sie diesen mit in das Verfahren einbeziehen, wenn der Lärm von einer seiner Wohnungen ausgeht (Fall 1). Sollte er daraufhin untätig bleiben, können Sie später ihre eigenen Schadensersatzansprüche bei ihm geltend machen. Sind Sie hingegen der alleinige Vermieter, können Sie direkt tätig werden, sobald sich die anderen, vom Lärm belästigt fühlenden Mieter an Sie wenden (Fall 2).

6.6.2 Fall 1: Der Lärm geht von einer der Wohnungen Ihres Miteigentümers aus

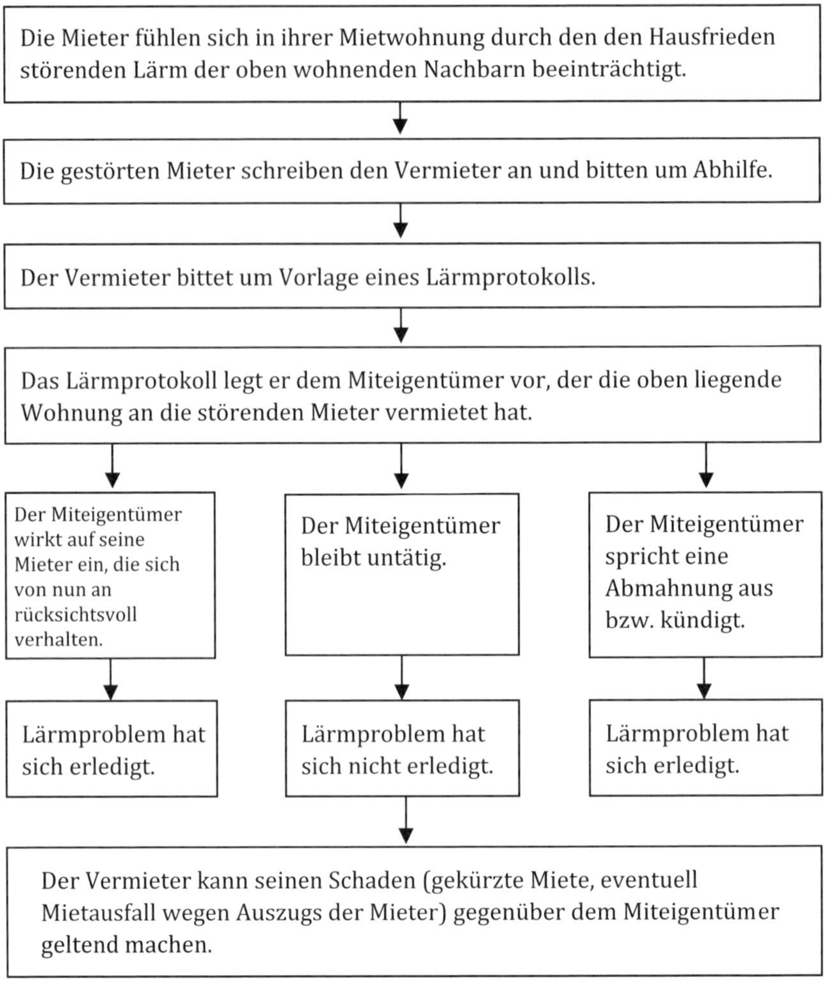

Fall 1: Der Lärm geht von einer der Wohnungen Ihres Miteigentümers aus

6.6.3 Fall 2: Der Lärm geht von Ihrer eigenen Wohnung aus

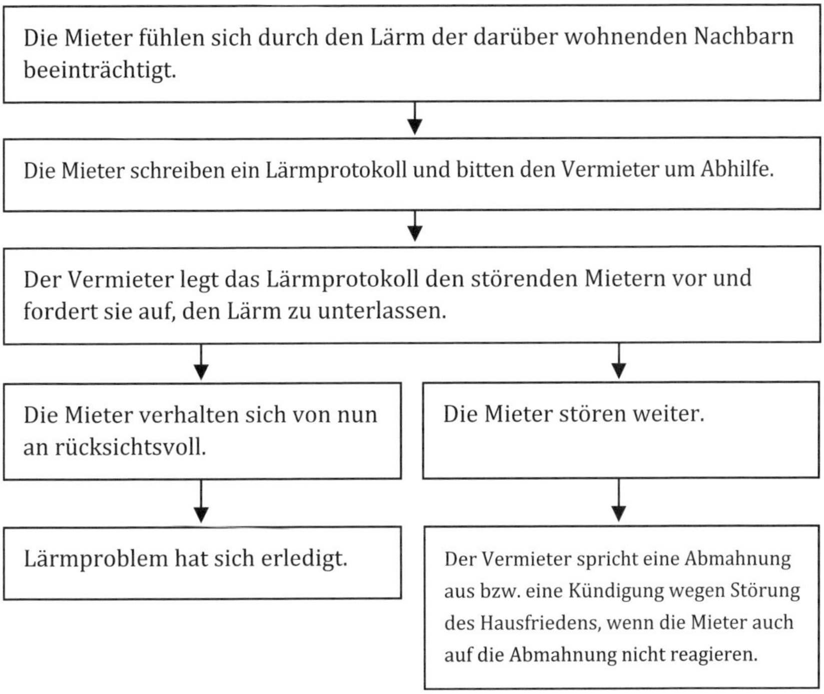

Fall 2: Der Lärm geht von Ihrer eigenen Wohnungen aus

6.6.4 Handwerker

Handwerker im Haus sind meist mit Lärmstörungen verbunden. Hier gilt: Von 7 Uhr bis 22 Uhr dürfen Klempner, Elektriker und Co. bohren und hämmern, wie es ihnen beliebt. Die Mittagsruhezeiten von 13 bis 15 Uhr müssen Handwerker nicht einhalten. Wer aber als Mieter selbst Bauarbeiten ausführt, muss sich an die allgemeinen Ruhezeiten halten. Mieter haben allerdings die Möglichkeit, wegen Handwerkerlärms die Miete zu kürzen. Die Höhe der Mietkürzung hängt von Art und Intensität des Lärms ab. Wird einen Monat lang von morgens bis abends gelärmt, kann eine Mietminderung von 50 Prozent angemessen sein. Wer den Lärm zu verantworten hat, spielt keine Rolle, die Mietminderung kann sowohl bei einer Modernisierung im eigenen Haus durch den Vermieter als auch bei Lärm aus dem Nachbarhaus den gestörten Mieter zu einer Mietkürzung berechtigen.

Dies gilt ebenfalls für Lärm von einer benachbarten Baustelle. Eine Mietminderung kann nur dann ausgeschlossen sein, wenn Sie bei Abschluss des Mietvertrags den Mietinteressenten auf mögliche Bauaktivitäten in der Nachbarschaft hingewiesen haben. Aber nur dann, wenn Sie dies auch in den Mietvertrag schriftlich aufgenommen haben, sind Sie auf der sicheren Seite vor Mietminderungsansprüchen des Mieters.

Musterformulierung für den Mietvertrag

„Der Mieter wurde darauf hingewiesen, dass auf dem bislang brachliegenden Nachbargrundstück ein Neubau geplant ist, der vermutlich im Lauf der nächsten fünf Jahre errichtet werden wird. Für den Mieter sind folgende Beeinträchtigungen zu erwarten: ______________________________
Der Mieter mietet die Wohnung in Kenntnis dieser Sachlage."

6.7 Tiere

Auch die in der Nachbarwohnung oder im Nachbarhaus lebenden Haustiere können für den Nachbarn zur Plage werden.

Fühlt sich ein Mitbewohner im Mietshaus von einem Haustier gestört, stellt sich die Frage, ob der Mieter überhaupt berechtigt ist, dieses Tier in der Wohnung zu halten. Hier kommt es wie immer auf die Klauseln im Mietvertrag an: Enthält der Mietvertrag dazu gar keine Regelung, darf der Mieter die üblichen Haustiere wie Hund oder Katze halten. Ungewöhnliche Tiere (Schlangen, Spinnen) fallen jedoch nicht unter den vertragsgemäßen Gebrauch der Mietwohnung und müssen nicht gestattet werden.

Verbietet der Mietvertrag dagegen die Haltung von Haustieren generell, ist diese Vereinbarung unwirksam. Ein unbeschränktes Tierhaltungsverbot hat der BGH für unwirksam erklärt, weil sonst auch das Halten von Wellensittichen oder Goldhamstern verboten wäre (BGH, 20.1.1993, VIII ZR 10/92, WuM 1993, 109). Das halten sogenannter Kleintiere jedoch, die weder Geräusche noch Gerüche verursachen und auch die Wohnung nicht abnutzen, muss der Vermieter immer erlauben (BGH, 14.11.2007, VIII ZR 340/06, WuM 2008, 23).

Der Mietvertrag kann dagegen eine Klausel enthalten, wonach das Halten eines Hundes oder einer Katze nicht erlaubt ist oder nur mit Zustimmung des Vermieters erfolgen darf. Sie können dann von Ihrem Mieter verlangen, dass er ein trotz des Verbots angeschafftes Tier wieder entfernen muss.

TIPP: Wenn Nachbars Hund kläfft

Ihre Zustimmung zur Tierhaltung können Sie auch widerrufen, wenn die übrigen Hausbewohner Ihnen gegenüber Angst und Besorgnis wegen des Haustiers geäußert haben.

6.7.1 Der Dschungel in der Vorstadt – Exoten in der Nachbarschaft

Halter exotischer Tiere können schnell Ärger mit ihren Nachbarn bekommen. Handelt es sich um ein gefährliches Tier einer wild lebenden Art, lassen Sie sich die erforderliche Genehmigung der Behörden zeigen. Andernfalls können Sie rechtliche Schritte gegen den Halter einleiten.

Nicht nur innerhalb des Hauses, auch vom benachbarten Grundstück können Belästigungen durch Tiere ausgehen. Hier Urteile von Gerichten:

6.7.2 Papageien und andere Vögel

Nachbarn besaßen einen Papagei, der durch seine schrillen Pfiffe die Anlieger in Rage brachte. Ein stundenlanges schrilles Pfeifen des Papageis muss nicht hingenommen werden (OLG Düsseldorf, Beschluss vom 10. 1. 1990, 5 Ss (OWi) 476/89 – (OWi) 198/89 I, NJW 1990, 1677). So durften sich drei Papageien nur in der Zeit von 9 bis 12 und 13 bis 16 Uhr im Freien aufhalten (LG Nürnberg-Fürth, Urteil vom 13. 6. 1995, 13 S 9530/94, DWW 1996, 50). Werden Kakadus in einer Voliere im Garten gehalten, können Nachbarn bei Lärmbelästigungen eine Begrenzung des Aufenthalts im Freien auf eine Stunde täglich verlangen (LG Zwickau, 1.6.2001, 6 S 388/00, WuM 2001, 556).

Auch eine Voliere mit anderen Vogelarten kann zu Ärger führen. Der Nachbar muss deren Zwitschern und Kreischen nicht hinnehmen, wenn die Vögel den ganzen Tag Lärm machen und der Nachbar zu keiner Stunde während des Tages mit Ruhe rechnen kann. In diesem Fall kann der Vogelliebhaber gezwungen werden, die Voliere abzubauen (OLG Hamburg, 2.2.1977, 5 U 85/76, MDR 1977, 492).

6.7.3 Hunde

Sich wehren können Sie sich auch bei ständig kläffenden Hunden in der Nachbarschaft. Denn selbst wenn ein Hund zur Bewachung von Gebäuden eingesetzt wird, muss der Hundehalter dafür sorgen, dass der Hund nicht auf jedes vernehmbare Geräusch reagiert. Auch ein Wachhund müsse daher so gehalten werden, dass durch sein Bellen die Anwohner nicht mehr als nur geringfügig gestört werden (OLG Düsseldorf, 6.6.1990, 5 Ss (OWi) 170/90-(OWi) 87/90 I, DWW 1990, 270). Besonders ins Detail ging das OLG Hamm: Der Hund in Nachbars Garten dürfe nicht länger als 30 Minuten täglich und nicht länger als zehn Minuten ununterbrochen bellen. Während der Ruhezeiten dürfe der Hund im Freien überhaupt nicht bellen, sondern müsse im Haus gehalten werden, ohne die Nachbarschaft zu belästigen (11. 4. 1988, 22 U 265/87, MDR 1988, 966). Ein gewisses Ausmaß an Hundegebell muss von den Nachbarn allerdings immer toleriert werden.

Gefährliche Hunderassen wie Dobermann oder Bullterrier braucht der Vermieter aber nicht unbedingt dulden. Die Haltung eines Kampfhundes zählt nicht zum vertragsgemäßen Gebrauch der Mietsache (LG Nürnberg, 2.2.1990, 7 S 3264/90, DWW 1990, 338). Der Haltung wird er nur dann zustimmen müssen, wenn der Mieter dafür garantieren kann, dass er in der Lage ist, mit dem Tier umzugehen, und wenn außerdem keine besonders gefährdeten Nachbarn wie beispielsweise Kinder vorhanden sind.

Zudem haben alle Bundesländer spezielle Hundeverordnungen erlassen. Gefährliche Hunde und Kampfhunde müssen danach außerhalb der Wohnung an die Leine genommen werden und einen Maulkorb tragen. In manchen Bundesländern braucht es überdies einen sogenannten Hundeführerschein.

6.7.4 Musterbrief: Abmahnung wegen unerlaubter Tierhaltung

Musterbrief: Abmahnung wegen unerlaubter Tierhaltung

Durch Boten

Heinz Müller

Blumengasse 7

21212 Musterstadt

[Datum]

Abmahnung wegen erheblicher Pflichtverletzung

Sehr geehrter Herr Müller,

mit Mietvertrag vom 1.1.2010 haben Sie die Wohnung _____ [Straße, Hausnummer] in ______ [Postleitzahl, Ort] gemietet. Wir haben festgestellt, dass Sie ohne unsere Erlaubnis einen Hund halten. Es handelt sich um einen Hund der Rasse Dobermann. Die Nachbarn haben Angst vor dem Zusammentreffen mit Ihrem Hund, denn Ihr Hund bellt bei den Begegnungen mit den anderen Hausbewohnern immer heftig und knurrt sie an. Zudem wurde täglich beobachtet, dass Ihr Hund auf dem gemeinschaftlichen Rasen im Eingangsbereich „Haufen" setzt. Dies führt zu einer erheblichen Verunreinigung der Gemeinschaftsfläche. Die anderen Hausbewohner werden dadurch stark beeinträchtigt.

Wir fordern Sie deshalb auf, den Hund umgehend, jedoch

spätestens bis zum 15. April 2011

abzuschaffen und auch in Zukunft keinen Hund mehr zu halten. Wenn Sie dieser Aufforderung nicht nachkommen, müssen Sie nicht nur mit einer Klage auf Abschaffung des Hundes und Unterlassung zukünftiger Tierhaltung, sondern auch mit einer außerordentlichen fristlosen Kündigung aus wichtigem Grund oder einer ordentlichen Kündigung des Mietverhältnisses rechnen.

Mit freundlichen Grüßen

[Unterschrift Vermieter]

6.7.5 Musterbrief: Kündigung wegen erheblicher Pflichtverletzung

Musterbrief: Kündigung wegen erheblicher Pflichtverletzung

Durch Boten
Heinz Müller
Blumengasse 7
21212 Musterstadt

[Datum]

Kündigung wegen erheblicher Pflichtverletzung

Sehr geehrter Herr Müller,

mit Mietvertrag vom1.7.2002 haben Sie die Wohnung in der ______ [Straße, Ort], gemietet. Wir kündigen die Wohnung unter Einhaltung der gesetzlichen Kündigungsfrist von 9 Monaten wegen erheblicher Pflichtverletzung

zum 31.10.2011.

Gemäß § 573 Abs. 2 Nummer 1 BGB kann der Vermieter ein Mietverhältnis wegen erheblicher Pflichtverletzungen kündigen, wenn der Mieter seine vertraglichen Pflichten schuldhaft nicht unerheblich verletzt hat.
Wir begründen die Kündigung im Einzelnen wie folgt:
Die anderen Hausbewohner haben sich in der Vergangenheit wiederholt wegen erheblicher Ruhestörungen, insbesondere verursacht durch lautes Abspielen von Tonwiedergabegeräten und teilweise durch Ihren Hund, über Sie beschwert. Wir haben Sie deshalb mit Schreiben vom 20.12. 2010 und 25.11.2010 abgemahnt. In diesen Abmahnungen wurden die einzelnen Lärm- und Ruhestörungen wie folgt detailliert aufgeführt:
Ihr Hund hat zu verschiedenen Zeitpunkten stundenlang gejault. So jammerte Ihr Hund zum Beispiel am 2.12.2010 von 15 bis 18 Uhr. Am 5.12.2010 jaulte der Hund von 14 bis 18.30 Uhr. ____________________________ .
Für den Fall weiterer Vertragsverstöße wurde Ihnen die Kündigung angedroht. Sie haben Ihr vertragswidriges Verhalten leider trotzdem fortgesetzt. Auch im Januar 2011 haben sich wieder Mieter über Lärm beschwert. So teilte die Mieterin K. mit, dass der Hund am 26.1.2011 von 23:00 Uhr bis 0:30 Uhr herzzerreißend gejault und so laut gebellt habe, dass die Mieterin in ihrer Nachtruhe gestört wurde. Auch weitere Mieter im Haus haben sich wiederum über nächtliche und tägliche Ruhestörungen, insbesondere wegen lauter Musik, beschwert wie folgt: ________________________________. Wegen dieser wiederholter Ruhestörungen kündigen wir das Mietverhältnis.
Wir weisen Sie darauf hin, dass Sie gemäß § 574 BGB dieser Kündigung widersprechen können. Der Widerspruch ist schriftlich zu erklären und muss spätestens zwei Monate vor Ablauf der Kündigungsfrist bei uns eingehen.
Einer Verlängerung des Mietverhältnisses im Sinne von § 545 BGB über den 31.10.2011 hinaus widersprechen wir bereits jetzt.
Wir fordern Sie auf, das Mietobjekt bis zum 31.10.2011 geräumt zu haben und in vertragsgemäßem Zustand an uns herauszugeben.

Mit freundlichen Grüßen

[Unterschrift Vermieter]

6.7.6 Katzen

In einer Doppelhaushälfte mit Garten in einem reinen Wohngebiet muss nur die Haltung von zwei Katzen geduldet werden (OLG München, 26.6.1990, 5 U 7178/89, MDR 1990, 1117). Auch in einer mehr ländlich geprägten Wohngegend kann der Grundstücksnachbar gegen zwei Katzen, die zeitweise auf seinem Grundstück herumlaufen, nichts unternehmen. Auch Hauskatzen aus der Nachbarschaft dürfen fremde Grundstücke betreten. Dies sei in gewissem Umfang aus dem nachbarlichen Gemeinschaftsverhältnis zu dulden.

Nicht hinzunehmen braucht es der Nachbar dagegen, wenn fremde Katzen sein Grundstück oder seinen Balkon zur Katzentoilette umfunktionieren oder wenn sie in Haus oder Wohnung eindringen. Hält der Nachbar auf seinem Grundstück gar 27 Katzen, die zu einer unerträglichen Geruchsbelästigung führen, dann kann mit der Nachbarklage durchgesetzt werden, dass bis auf zwei Katzen alle übrigen abgeschafft werden müssen (OLG München, 26.6.1990, 5 U 7178/89, NJW-RR 1991, 17).

6.7.7 Bienen

Nicht nur durch Haustiere können sich Grundstücksnachbarn gestört fühlen, auch andere wilde Tiere können Ansprüche gegen den Nachbarn begründen. Lebensbedrohlich waren die Bienen auf dem Nachbargrundstück. Als sich herausstellte, dass der Nachbar eine Bienenstichallergie hatte und damit durch den Bienenstock auf dem Grundstück nebenan in Lebensgefahr schwebte, musste der Nachbar alle Bienenstöcke beseitigen (LG Ellwangen, 21.6.1985, 1 S 48/85-10, NJW 1985, 2339). Können allerdings andere zumutbare Maßnahmen ergriffen werden oder genügt es, die Bienenvölker zu reduzieren, kann auch nicht mehr verlangt werden.

Ist die Grundstücksnutzung nicht oder nur unwesentlich beeinträchtigt, muss der Nachbar den Imker dulden. Mit einer Nachbarklage kann er sich dann zur Wehr setzen, wenn der Bienenflug einen Aufenthalt in seinem Garten oder auf der Terrasse praktisch unmöglich macht und eine Bienenhaltung in dem betreffenden Gebiet auch nicht ortsüblich ist.

6.7.8 Frösche

Gartenteiche sind groß in Mode, doch die vor allem nachts quakenden Frösche erfreuen nicht jeden. Die Nachbarn müssen dann bei übermäßiger Lärmeinwirkung die Frösche umsiedeln. Ein Zuschütten des Teichs ist nicht erlaubt, weil die Tiere artenschutzrechtlich geschützt sind (BGH, 20.11.1992, V ZR 82/91, NJW 1993, 925). Eine naturschutzrechtliche Ausnahmegenehmigung ist aber möglich (BVerwG, 14.1.1999, 6 B 133/98, NJW 1999, 2912).

6.7.9 Tauben

Auch der Taubenzüchter wird nur im Ausnahmefall das Taubenhaus beseitigen müssen: Oft genügt eine Reduzierung der Tauben, um Lärmbelästigungen und Kotverschmutzungen beim Nachbarn zu reduzieren (LG Itzehoe, 27.4.1995, 4 S 176/94, NJW-RR 1995, 979).

6.7.10 Hähne

Außerhalb der allgemeinen Ruhe- und Erholungszeiten kann in einer dörflichen Umgebung wenig gegen das Krähen eines Hahns unternommen werden. Der Hahnbesitzer kann aber verpflichtet werden, den Hahn täglich von 20 Uhr abends bis 8 Uhr morgens und an Samstagen, Sonn- und Feiertagen von 12 bis 15 Uhr mittags schalldicht zu verwahren.

6.7.11 Kühe

Viel Streit zwischen Nachbarn hat es auch schon um Kühe gegeben, die mit Glocken ausgerüstet waren. Während es sich bei diesen Geräuschen in einer ländlichen Gegend um „landwirtschaftliche Arbeitsgeräusche“ handelt, die von den Bewohnern als ortsüblich hinzunehmen sind, muss in einer nicht ausschließlich landwirtschaftlich geprägten Gegend zumindest nachts auf das Ruhebedürfnis der Nachbarschaft Rücksicht genommen werden.

6.7.12 Pferde und Schweine

Auch durch die Haltung eines Pferdes können sich empfindliche Störungen in der Nachbarschaft ergeben. Nicht nur das Wiehern und Scharren kann sich störend auswirken, auch der Pferdedung ist nicht nach jedermanns Nase. In einem reinen oder allgemeinen Wohngebiet wird man daher die Pferdehaltung als baurechtlich unzulässig ansehen können.

Auch Schweinemast ist mit Geruchsbelästigung verbunden, die niemand klaglos hinnehmen muss. Als Richtschnur gilt hier die VDI-Richtlinie 3471 „Emissionsminderung Tierhaltung — Schweine".

6.7.13 Lärm aus der Umgebung

Lärmquellen aus der Nachbarschaft können ganz unterschiedlicher Natur sein. Störende Geräusche können von einer großen Straße ausgehen, von der unter dem Haus fahrenden U-Bahn, den überfliegenden Flugzeugen, einer benachbarten Gaststätte, einem Gewerbebetrieb. Aber auch das jährlich stattfindende Trachtenfest oder Belästigungen durch Baulärm sind denkbar. Was im Einzelnen dabei zu beachten ist, soll im Folgenden aufgezeigt werden.

6.7.14 Gaststätten und Diskotheken

Gaststätten und Diskotheken müssen sich an die allgemeinen Lärmbeschränkungen halten und insbesondere die Nachtruhe einhalten sowie die Sperrstunde beachten. Letztere gilt ab 22 Uhr und sieht für die jeweilige Umgebung bestimmte Grenzwerte vor. Diese betragen nachts 35 dB (A) im reinen Wohngebiet, 40 dB (A) im allgemeinen Wohngebiet und 45 dB (A) im Mischgebiet. Die Gastwirte sind dabei für das Verhalten ihrer Besucher zuständig und haben darauf zu achten, dass zum Beispiel bei der An- und Abfahrt keine übermäßigen Geräusche gemacht werden.

TIPP: Schöpfen Sie Ihr Recht in seiner vollen Bandbreite aus

Wer sich durch eine Gaststätte oder ein Volksfest beeinträchtigt fühlt, muss sich an die zuständige Verwaltungsbehörde wenden. Falls dies erfolglos bleibt, sind die Verwaltungsgerichte zuständig. Neben diesem öffentlich-rechtlichen Weg können die Nachbarn aber auch vors Zivilgericht gehen und nach den Paragrafen 1004, 906 BGB die ihrer Ansicht nach zu hohen Lärmimmissionen rügen.

6.7.15 Gewerbelärm

Lärm von benachbarten Gewerbebetrieben führt oft zu Konflikten. Bevor Sie eine Klage anstrengen, sollten Sie klären, ob es sich um einen immissionsschutzrechtlich genehmigten Betrieb handelt. Ist dies der Fall, wird eine Klage von vornherein aussichtslos sein, denn solche Betriebe genießen Bestandsschutz, sodass ihre Einstellung nicht verlangt werden kann. Es können daher bestenfalls nur Lärmminderungsmaßnahmen gefordert werden.

6.7.16 Baulärm

Auch Baulärm wird weitgehend als unvermeidbar angesehen. Im Klartext: Gegen Baulärm können Sie in der Regel wenig unternehmen. Allerdings gibt es eine Grenze für die Zumutbarkeit des Lärms für die Nachbarschaft, die durch die Lärmrichtwerte der Allgemeinen Verwaltungsvorschrift zum Schutz gegen Baulärm festgelegt wird. Werden Lärmrichtwerte überschritten, handelt es sich im Allgemeinen um wesentliche Geräuscheinwirkungen nach § 906 Abs. 1 BGB, gegen die sich die Nachbarn zur Wehr setzen können.

Aber auch wenn die Lärmrichtwerte überschritten werden, kann der lärmgeplagte Nachbar noch längst nicht das Baugeschehen stoppen. Liegt eine Baugenehmigung für das Bauvorhaben vor, muss die Nachbarschaft den Baulärm hinnehmen. Allerdings besteht dann unter Umständen ein Geldanspruch, § 906 Abs. 2 Satz 2 BGB. Dieser kann zum Beispiel im Mietausfall eines Vermieters liegen, dessen Mieter wegen der Lärmbelästigung die Miete gemindert hat (BGH, 8.7.1988, V ZR 45/87, NJW-RR 1988, 1291). Nach der Rechtsprechung kann ein Geldanspruch jedoch nur insoweit verlangt werden, als die Grundstücksnutzung über das zumutbare Maß hinaus beeinträchtigt ist. Nach einem Urteil des LG Hamburg liegt die Zumutbarkeitsgrenze bei der Wohnungsvermietung bei einer Mietminderung von sechs Prozent der Nettorendite, die Sie selbst tragen müssen (3.12.1998, 327 S 97/98, MDR 1991, 57).

6.7.17 Ortsübliche Lärmbelästigung

Eine wesentliche Lärmbelästigung muss aber als ortsüblich nur dann akzeptiert werden, wenn wirtschaftlich zumutbare Lärmschutzmaßnahmen nicht in Frage kommen. Gibt es Alternativen, den Lärm einzudämmen, müssen diese auch ergriffen werden, andernfalls können Sie sich dagegen wehren.

6.7.18 Verkehrslärm

Vor Verkehrslärm schützt die Verkehrslärmschutzverordnung. Anwohner haben Anspruch auf Lärmschutzmaßnahmen, die letztendlich dem Schutz ihrer Gesundheit dienen, wenn folgende Lärmgrenzwerte überschritten werden:

Lärmgrenzwerte		
Lage	**Tageszeit**	**Richtwert in dB**
an Krankenhäusern, Schulen, Kurheimen, Altersheimen	tagsüber	57 dB (A)
	nachts	47 dB (A)
in reinen und allgemeinen Wohngebieten	tagsüber	59 dB (A)
	nachts	49 dB (A)
in Kerngebieten, Dorfgebieten, Mischgebieten	tagsüber	64 dB (A)
	nachts	54 dB (A)
in Gewerbegebieten	tagsüber	69 dB (A)
	nachts	59 DB (A)

Übersicht über Lärmgrenzwerte

TIPP: Ab wann Lärm unzumutbar ist

Gibt es keine Verkehrslärmschutzverordnung, kann der Straßenanlieger bei unzumutbaren Lärmbelästigungen einen Entschädigungsanspruch gegen den Straßenbaulastträger geltend machen, wenn der Geräuschpegel 70 bis 75 dB (A) am Tag und 60 bis 65 dB (A) in der Nacht übersteigt (BGH, 23.10.1986, III ZR 112/85, NVwZ 1989, 285).
Darüber hinaus beschloss das Europäische Parlament 2002 die EU-Umgebungslärmrichtlinie. Sie bildete die Grundlage für das im Juni 2005 verabschiedete deutsche „Gesetz zur Umsetzung der EG-Richtlinie über die Bewertung und Bekämpfung von Umgebungslärm“. Es schreibt vor, dass in der ersten Stufe für Ballungsräume mit mehr als 250 000 Einwohnern Lärmkarten auszuarbeiten sind. Diese halten den aktuellen Zustand fest und geben dem Bürger darüber hinaus auch eine objektive Möglichkeit, sich über den in ihrer Umgebung herrschenden Geräuschpegel zu informieren. Die Städte und Gemeinden können sich dann überlegen, welche Lärmminderungsmöglichkeiten in Betracht kommen wie zum Beispiel durch Schallschutzwände, Temporeduzierung, Ausbesserung des Straßenbelags, Ausbau des öffentlichen Nahverkehrs, Förderung der Fahrradfahrer.

6.7.19 Bordell

Befindet sich ein Bordell in der Nachbarschaft, können die Nachbarn wenig dagegen ausrichten: Solange eine Nutzung des Grundstücks, die das sittliche Empfinden der Nachbarn verletzen könnte, nach außen hin nicht wahrnehmbar ist, liegt auch keine Begründung für einen Unterlassungsanspruch vor (BGH, 12.7.1985, ZR 172/84, DWW 1985, 231).

6.7.20 Pflegeheim

Nachbarn eines Pflegeheims haben schlechte Karten, wenn sie Unterlassungs- oder Ausgleichsansprüche geltend machen wollen. Im nachbarlichen Zusammenleben mit Pflegebedürftigen fordern die Gerichte ein erhöhtes Maß an Toleranz. So müssen die Nachbarn die von den Heimbewohnern ausgehenden Geräusche und Einblicke in ihre Geschäfts- und Privaträume ebenso hinnehmen wie auch den Lieferverkehr zum Grundstück und das oft verbotswidrige Parken der Lieferwagen. Wird der Nachbar etwa durch die Lichter des Pflegeheims gestört, muss er sich selbst durch Klappläden schützen. Sorgt er selbst für Sichtschutz, bekommt er die Kosten dafür jedoch nicht erstattet (OLG Karlsruhe, 30.3.2007, 14 U 43/06, NZM 2007, 894).

6.7.21 Autistisches Kind

Wer eine Immobilie erwirbt, um selbst darin zu wohnen, und nach seinem Einzug feststellt, dass im Nachbarhaus ein autistisches Kind wohnt, kann keine teilweise Rückzahlung des Kaufpreises fordern. Auch wenn das Kind durch Geräusche wie Schreien oder Kreischen auffällt, sind diese hinzunehmen. Man spricht dann von sozialadäquaten und damit unabänderlichen Äußerungen. Im nachbarlichen Zusammenleben, so das LG Münster, sei ein erhöhtes Maß an Toleranzbereitschaft erforderlich, um Behinderten ein Leben frei von vermeidbaren Beschränkungen zu ermöglichen (26.2.2009, 8 O 378/08, NZM 2010, 95).

6.7.22 Windenergieanlagen

Auch bei Windenergieanlagen sind die gesetzlich vorgeschriebenen Lärmgrenzen zu beachten, hat das BVerwG entschieden. Im konkreten Fall muss der Betreiber eines Windrades mit Lärmschutzauflagen für seine Anlage rechnen (29.8.2007, 4 C 2/07, DWW 2008, 33).

6.8 Sportlärm

Wer in der Nähe eines Tennisplatzes wohnt, kann ein Lied davon singen: Das Schlagen von Tennisbällen, Zurufe der Spieler, Anfeuergeräusche der Zuschauer, die Durchsage – all diese Geräusche können sich als sehr störend für den Nachbarn erweisen. Wie auch für den Betrieb des Rasenmähers wurde auf der Grundlage des Bundes-Immissionsschutzgesetzes eine „Sportanlagenlärmschutz-Verordnung“ erlassen. Die höchstzulässigen Immissionswerte sind nach Zeitperioden und dem Charakter der Umgebung gestaffelt. Den Betreibern der Sportanlagen werden Pflichten zur Lärmminderung auferlegt.

6.8.1 Lärm-Richtwerte für die Praxis

Nach der VDI-Richtlinie 2058 „Arbeitslärm in der Nachbarschaft“ liegt eine wesentliche Lärmbelästigung der Nachbarschaft in der Regel nicht vor, wenn folgende umgebungsbezogene Lärmrichtwerte nicht überschritten werden:

Lärmrichtwerte		
Lage	Tageszeit	Richtwert in dB
Industriegebiete		70 dB (A)
Gewerbegebiete	tagsüber	65 dB (A)
	nachts	50 dB (A)
Mischgebiete	tagsüber	60 dB (A)
	nachts	45 dB (A)

Lärmrichtwerte		
Allgemeine Wohngebiete	tagsüber	55 dB (A)
	nachts	40 dB (A)
Reine Wohngebiete	tagsüber	50 dB (A)
	nachts	35 dB (A)
Kurgebiete, Krankenhäuser, Pflegeanstalten	tagsüber	45 dB (A)
	nachts	35 dB (A)

Übersicht über Lärmrichtwerte

6.8.2 Fußball

Fußball ist nicht nur ein Nationalsport, den viele ausüben. Vor allem Europa- oder Weltmeisterschaften sind Fußballereignisse, zu denen man Freunde einlädt und oft lautstark feiert. Nicht alle Nachbarn und Mitmieter sind allerdings so fußballnärrisch. Stellt sich die Frage, in welchen Ausmaßen und wie oft sie das Spektakel tolerieren müssen und welche Spielregeln für Fußballfans gelten. Die Antwort ist einfach: Sie unterscheiden sich nicht von den allgemein üblichen. Beim Einsatz von Trompeten, Rasseln und Tröten hört der Spaß aber meistens auf. Dafür gilt ebenfalls das Gebot der Rücksichtnahme, so wenig Lärm wie möglich zu machen.

Eine gewisse Toleranz müssen die Nachbarn trotzdem aufbringen, vor allem dann, wenn die deutsche Nationalmannschaft spielt. Ab 22 Uhr aber muss bei der Party im Freien, wie auch sonst, Rücksicht genommen werden.

TIPP: Laden Sie die Nachbarn ein

Wer sich das Wohlwollen der Nachbarn erhalten will, sollte sie einfach zum gemeinsamen Fußballschauen einladen. So vermeidet man einerseits unnötigen Ärger mit ihnen, weil man gemeinsam Spaß hat, und lernt sie andererseits auch gleich noch besser kennen.

6.8.3 Einkassierte Bälle

Wer nicht nur vor dem Fernseher sitzt, sondern auch selbst Fußball spielen will, kann dies in seinem Garten nach Belieben tun. Der Nachbar darf den Ball aber nicht einfach einkassieren, wenn dieser über die Grundstücksgrenze rollt. Er muss ihn herausgeben, wenn der Fußballfan freundlich an der Haustüre klingelt (LG München II, 23.11.2003, 5 O 5454/03). Allerdings ist es dem Nachbarn grundsätzlich nicht zumutbar, ständig das „Überfliegen der Fußbälle“ hinzunehmen. Er hat aber auch keinen Anspruch auf ein totales Fußballverbot.

6.8.4 Fahnen hissen

Auf dem Balkon darf eine Flagge der Nationalmannschaft gehisst werden, um bei Welt- und Europameisterschaften seine patriotische Gesinnung zu bekunden. Wer aber einen Fahnenmast mit einer Halterung montieren will und dafür in die bauliche Substanz eingreifen muss, braucht die Genehmigung des Vermieters. Mieter dürfen auch durchschnittlich große Fahnen aus dem Fenster ihrer Wohnung wehen lassen. Sie müssen allerdings Vorsichtsmaßnahmen ergreifen, damit diese nicht herunterfallen und Passanten verletzen oder Autos beschädigen können.

6.8.5 Garagentor

Lässt sich ein Garagentor nur öffnen und schließen, dass die Nachbarn durch das überlaute Geräusch in ihrem Schlaf gestört werden, darf dieses während der Nacht, also von 22 bis 7 Uhr nicht benutzt werden. Der Garagenbesitzer muss seinen Wagen dann auf der Straße abstellen (OLG Düsseldorf, 6.5.1991, 5 Ss (OWi) 56/91-(OWi) 28/91 I, NJW 1991, 2433).

6.8.6 Wie gegen Lärm vorzugehen ist

Ob der Lärm noch hinnehmbar ist oder nicht, kann im Zweifel nur ein Sachverständiger feststellen. Als Anhaltspunkt dienen die Richtwerte der technischen Anleitung zum Schutz gegen Lärm (TA Lärm) und die VDI-Richtlinie 2058.

Bevor Rechte wegen Lärmstörungen geltend gemacht werden können, muss der beeinträchtigte Nachbar jedoch immer ein Lärmprotokoll erstellen. Darin müssen Ort, Uhrzeit sowie die Art und Weise der Beeinträchtigung aufgeführt werden.

6.8.7 Wann Ruhestörung zu Mietminderung führen kann

Grundsätzlich sollten Sie die Störungen so genau wie möglich dokumentieren. Es reicht nicht aus, wenn Sie „laufende Ruhestörungen“ monieren oder „wiederholte Verstöße gegen die Ruhezeiten“. Beschreiben Sie den Lärm und wie lange er anhält. Dabei kann es hilfreich sein, wenn Sie Zeugen oder andere Mitbewohner benennen können, die sich ebenfalls gestört fühlen. Auch eine Anzeige bei der Polizei kann weiterhelfen.

Was können Sie tun, wenn Ihr Mieter die Miete wegen des Lärms gemindert hat? Hier sind grundsätzlich zwei Alternativen denkbar:

Mindert der Mieter die Miete zu Unrecht, können Sie die Mietminderung zurückweisen und auf Zahlung der kompletten Miete bestehen. Weigert sich der Mieter, müssen Sie ihn unter Umständen auf Zahlung verklagen. Im Rahmen dieses Verfahrens prüft das Gericht dann, ob ein Mietminderungsrecht des Mieters besteht oder nicht.

Hat der Mieter die Miete zu Recht gemindert, muss der Vermieter die Mietkürzung hinnehmen. Er kann sich dann auch nicht am durch Lärm störenden Nachbarn schadlos halten, wenn dieser zum Beispiel als Bauherr eine Baugenehmigung hat und deshalb rechtmäßig bauen darf. Nach einer Entscheidung des LG Hamburg (3.12.1998, 327 S 97/98, MDR 1999, 154) haben Sie aber einen nachbarrechtlichen Ausgleichsanspruch nach § 906 Abs. 2 Satz 2 BGB, wenn die berechtigte Mietminderung durch den Mieter 20 Prozent beträgt und die Nettorendite nur bei 6 Prozent liegt.

Handelt der störende Nachbar rechtswidrig, müssen Sie dafür sorgen, dass der Lärm eingestellt wird. Handelt es sich beispielsweise um ihren Mieter, der die anderen Hausbewohner drangsaliert, müssen Sie ihn abmahnen, notfalls auf Unterlassung verklagen, Schadensersatz verlangen und gegebenenfalls das Mietverhältnis kündigen.

Handelt es sich bei dem Störer nicht um einen Mieter, sondern um eine dritte Person, können Sie von diesem ebenfalls die Unterlassung der Störung fordern. Auch eine Anzeige bei der Polizei kann erfolgreich sein. Den wegen Mietminderung entstandenen Schaden kann der Vermieter von dem Störer verlangen.

6.8.8 Musterbrief: Abmahnung wegen Lärmstörung

Musterbrief: Abmahnung wegen Lärmstörung

Durch Boten
Heinz Müller
Blumengasse 7
21212 Musterstadt

[Datum]

Abmahnung wegen Störung des Hausfriedens

Sehr geehrter Herr Müller,

mit Mietvertrag vom 1.6.2010 haben Sie die Wohnung ______ [Straße, Hausnummer] in _______ [Postleitzahl, Ort] gemietet. Die anderen Hausbewohner haben sich bei uns wiederholt wegen erheblicher Lärmbelästigung, insbesondere während der Ruhezeiten und in der Nacht, beschwert.
Es handelt sich im Einzelnen um folgende Vorfälle:

Am 4.3.2011 von 23 bis 1 Uhr haben Sie durch lautes Abspielen von Tonwiedergabegeräten alle anderen Hausbewohner erheblich gestört. Diese konnten nicht einschlafen bzw. sind aus dem Schlaf gerissen worden.
Am 8.3.2011 von 1.15 bis 2.30 Uhr war wiederholtes, lautes Geschrei und lautes Gepolter aus Ihrer Wohnung zu hören. Dadurch haben Sie die Nachtruhe der anderen Mitbewohner, insbesondere der im dritten Stock, erheblich gestört.
____.

Uns liegen schriftliche Aufzeichnungen über die gerügten Störungen vor.
Ihr Verhalten ist vertragswidrig. Wir müssen Sie daher dringend auffordern, solche Störungen künftig zu unterlassen und keinen ruhestörenden Lärm mehr zu verursachen. Sollten Sie Ihr vertragswidriges Verhalten fortsetzen, müssen Sie nicht nur mit einer Unterlassungsklage, sondern auch mit einer außerordentlichen fristlosen Kündigung aus wichtigem Grund oder einer ordentlichen Kündigung des Mietverhältnisses rechnen.

Mit freundlichen Grüßen

[Unterschrift Vermieter]

6.8.9 Musterbrief: Ordentliche Kündigung wegen erheblicher Pflichtverletzungen

Musterbrief: Ordentliche Kündigung wegen erheblicher Pflichtverletzungen

Durch Boten
Heinz Müller
Blumengasse 7
21212 Musterstadt

[Datum]

Kündigung wegen erheblicher Pflichtverletzung

Sehr geehrter Herr Müller,

Sie haben mit Mietvertrag vom 1.9.2010 die Wohnung ______ [Straße, Hausnummer] in ______ [Postleitzahl, Ort] gemietet. Wir kündigen die Wohnung unter Einhaltung der gesetzlichen Kündigungsfrist von drei Monaten wegen erheblicher Pflichtverletzung
zum 30.6.2011.
Gemäß § 573 Abs. 2 Nr. 1 BGB kann der Vermieter ein Mietverhältnis wegen erheblicher Pflichtverletzung kündigen, wenn der Mieter seine vertraglichen Pflichten schuldhaft nicht unerheblich verletzt hat.
Wir begründen die Kündigung im Einzelnen wie folgt:
Die anderen Hausbewohner haben sich in der Vergangenheit wiederholt wegen erheblicher Ruhestörungen über Sie beschwert. Wir haben Sie deshalb mit Schreiben vom 15.2.2011 und 12.3.2011 abgemahnt. In diesen Abmahnungen waren die einzelnen Lärm- und Ruhestörungen wie folgt detailliert aufgeführt:
Am 4.3.2011 von 23 bis 1 Uhr haben Sie durch lautes Abspielen von Tonwiedergabegeräten alle anderen Hausbewohner erheblich gestört. Diese konnten nicht einschlafen bzw. sind aus dem Schlaf gerissen worden.
Am 8.3.2011 von 1.15 bis 2.30 Uhr war wiederholtes, lautes Geschrei und lautes Gepolter aus Ihrer Wohnung zu hören. Dadurch haben Sie die Nachtruhe der anderen Mitbewohner, insbesondere der im dritten Stock, erheblich gestört.
______________________________________.

Für den Fall weiterer Vertragsverstöße wurde Ihnen die Kündigung angedroht. Sie haben Ihr vertragswidriges Verhalten aber leider trotzdem fortgesetzt. Im Einzelnen ist Folgendes vorgefallen:
Am 25.3.2011 von 23.00 bis 0.30 Uhr war aus Ihrer Wohnung sehr laute Musik sowie wiederholtes lautes Türenschlagen und Gepolter zu vernehmen. Die anderen Hausbewohner wurden hierdurch erheblich in ihrer Nachtruhe gestört.
____.

Der über Ihnen wohnende Mieter beabsichtigt sogar, zu kündigen, wenn die Lärmbelästigungen nicht aufhören.
Wir weisen Sie darauf hin, dass Sie gemäß § 574 BGB dieser Kündigung widersprechen können. Der Widerspruch ist schriftlich zu erklären und muss spätestens zwei Monate vor Ablauf der Kündigungsfrist bei uns eingehen.
Einer Verlängerung des Mietverhältnisses im Sinne von § 545 BGB über den 30.6.2011 hinaus widersprechen wir bereits jetzt.
Wir fordern Sie auf, das Mietobjekt bis zum 30.6.2011 geräumt und in vertragsgemäßem Zustand an uns herauszugeben.

Mit freundlichen Grüßen

[Unterschrift Vermieter]

6.9 Gerüche

6.9.1 Grillen

Wer den Duft von brutzelnden Würstchen oder Steaks nicht schätzt, kann wenig dagegen unternehmen, auch wenn der Nachbar noch so oft in seinem Garten grillt. In einem Fall, in dem es um insgesamt 16 Grilltermine ging, sah das Gericht keine Belästigung. Die Nachbarn seien nur unwesentlich beeinträchtigt worden.

Wie die Richter entscheiden, kommt es zu einer Klage, hängt immer vom Einzelfall ab: Eine Grilldauer von sechs Stunden oder ein dreimaliges Grillen pro Jahr hält das LG Stuttgart durchaus für angemessen (14.8.1996, 10 T 359/96, ZMR 1996, 624).

In einem Mehrfamilienhaus muss besondere Rücksicht genommen werden: Einmal im Monat dürfen Sie auf dem Balkon grillen, wenn die über- und die unterliegenden Nachbarn 48 Stunden vorher informiert werden (AG Bonn, 29.4.1997, 6 C 545/96, WuM 1997, 325). Dringt der Qualm konzentriert in die Wohn- und Schlafräume der Nachbarn, kann der Verursacher trotzdem mit einem Bußgeld belegt werden. Sogar ein Grillverbot ist möglich, das LG Essen zog hierfür enge Grenzen: Per Hausordnung kann ein Grillverbot auf dem Balkon eines Mehrfamilienhauses verhängt werden, auch ganz unabhängig davon, ob das Fleisch auf einem Holzkohle- oder Elektrogrill brutzelt. Hält sich der Mieter trotz Abmahnung nicht an das Verbot, droht eine fristlose Kündigung (7.2.2002, 10 S 438/01, ZMR 2002, 597).

6.9.2 Kochen

Auch Gerüche aus der Nachbarwohnung, die beim haushaltsüblichen Kochen entstehen, müssen im Prinzip hingenommen werden. Dabei ist es unerheblich, ob lokale oder exotische Speisen zubereitet werden (AG Hamburg-Harburg, 21.9.1992, 643 C 230/92, WuM 1993, 39). Nachbarn können nur dann gegen Kochgerüche vorgehen, wenn diese übermäßig häufig und stark vorkommen (OLG Köln, 12.5.1997, 16 Wx 67/97, WuM 1997, 453). Die Schmerzgrenze ist überschritten, wenn der Mieter in der Wohnung eine Großküche betreibt oder bewusst als Provokation die Flurtüre ins Treppenhaus entlüftet, um andere Mieter zu ärgern. Auch wenn der Kochgeruch bauphysikalisch bedingt in die anderen Wohnungen eindringt, können die anderen Mieter ihre Miete mindern oder kündigen (LG Stuttgart, 27.5.1998, 5 S 421/97, WuM 1998, 724).

6.9.3 Dunstabzugshaube

Muss der Nachbar Essensgerüche zwangsläufig schnuppern, weil die Dunstabzugshaube diese nach außen transportiert, so gilt: Für die Gerichte ist die Benutzung einer Dunstabzugshaube ortsüblich und wird als nur unwesentliche Beeinträchtigung bewertet. Die Dunstabzugshaube sei nicht dauernd 24 Stunden in Betrieb, sondern nur bei der Zubereitung einer warmen Mahlzeit am Tag (AG Meldorf, 24.6.1998, 31 C 1038/98, NJW-RR 1999, 601).

6.9.4 Wäschetrockner

Der Mieter darf grundsätzlich einen Wäschetrockner in der Wohnung aufstellen. Ist eine ordnungsgemäße Ablüftungsvorrichtung vorhanden, muss diese genutzt werden. Wer als Mieter die Luft lediglich mit einem Schlauch nach außen leitet, muss mit einem Verbot rechnen. Nachbarn, die in diesen Fällen durch Nebelschwaden des Wäschetrockners erheblich belästigt werden, können die Miete mindern.

Kommt es aufgrund der speziellen Bauweise des Gebäudes zu erheblichen Belästigungen durch Zigarettenrauch und Essensgerüche, kann der betroffene Mieter die Miete kürzen (LG Stuttgart, 27.5.1998, 5 S 421/97, WuM 98, 724).

6.9.5 Gestank

Biomülltonnen müssen so aufgestellt werden, dass es nicht zu Geruchsbelästigungen kommt (LG Osnabrück, 18.6.1997, 11 S 402/96, WuM 1997, 431).

Tiergeruch aus einer nicht artgerechten Haltung oder von zu vielen Tieren in der Wohnung kann die Nachbarn zu einer fristlosen Kündigung berechtigen.

Unzumutbarer Gestank in der Wohnung und im Treppenhaus durch stinkende Kleidung, verdorbene Speisereste und Lebensmittel, ein verwahrlostes Zimmer mit der Gefahr der Substanzschädigung der Mietsache und des Ungezieferbefalls rechtfertigen nach Abmahnung die fristlose Kündigung (AG Saarbrücken, 29.10.1993, 37 C 267/93, DWW 1994, 186).

6.9.6 Kompost

Auch ein stinkender Komposthaufen an der Grundstücksgrenze kann zu Auseinandersetzungen zwischen den Nachbarn führen. Vor allem bei falscher Kompostierung können starke Geruchsbelästigungen entstehen und Ungeziefer angezogen werden. Wie man seinen Abfall kompostieren sollte, schreiben zum Teil landesrechtliche Verordnungen zum Abfallrecht vor. Aber nur dann, wenn die Kompostierung zu einer wesentlichen Beeinträchtigung des Nachbargrundstücks führt, kann sich der betroffene Nachbar zur Wehr setzen. Ob eine wesentliche Beeinträchtigung vorliegt, hängt zum einen vom Standort des Komposthaufens ab, zum anderen von der Art der Kompostierung und von der tatsächlichen Geruchsbelästigung. Dabei kommt es wie immer auf das Empfinden des Durchschnittsmenschen an, im Streitfall kann die geruchliche Verunreinigung aber auch durch eine Luft-Messung ermittelt werden.

TIPP: Messen Sie schlechte Gerüche

In manchen Bundesländern wurden zur Beurteilung von Geruchsbelästigungen Geruchsimmissions-Richtlinien geschaffen, zum Beispiel in Sachsen, Brandenburg und Nordrhein-Westfalen. An diesen können Sie sich orientieren, wenn Sie der Meinung sind, übermäßig durch üble Gerüche und Gestank belästigt zu werden.

6.10 Andere Störfaktoren

6.10.1 Ungeziefer

Wandern Mäuse, Ratten,Insekten oder ähnliches Ungeziefer vom Nachbargrundstück ein, können Nachbarn dagegen vorgehen, wenn daraus für sie eine wesentliche Beeinträchtigung resultiert. Voraussetzung ist allerdings, dass der Nachbar das Auftreten dieser Tiere selbst verschuldet hat, weil er zum Beispiel Unrat auf seinem Grundstück lagert oder einen Tümpel mit fauligem Wasser angelegt hat. Der Schädlingsbefall eines Baumes hat dagegen natürliche Ursachen und kann daher dem Nachbarn nicht angelastet werden (BGH, 7.7.1995, V ZR 213/94, NJW 1995, 2633).

6.10.2 Frust- und Gartenzwerge

Stellt ein Grundstückseigentümer selbst kreierte Frustzwerge in seinem Garten auf, die den Stinkefinger in die Luft recken oder der Welt ihr nacktes Hinterteil entgegenhalten, und zwar so, dass sie vom Nachbarn als ehrverletzend oder beleidigend verstanden werden können, kann sich der Betroffene mit einer nachbarrechtlichen Abwehrklage verteidigen. Soweit die Posen und Gesten den Nachbarn grob beleidigen, verletzen sie auch sein allgemeines Persönlichkeitsrecht.

▶ **BEISPIEL: Böse Zwerge — Gute Zwerge**

Schon lange gab es Zoff unter den beiden Nachbarn. So griff einer zum Ton und modellierte ein paar Gartenzwerge. Dieser konnte vom Nachbargrundstück und von der Straße her gesehen werden. Einer der Gartenzwerge streckte die Zunge heraus und zeigte den erhobenen Mittelfinger. Ein anderer Zwerg beugte sich mit heruntergelassener Hose nach vorn und entblößte dabei sein nacktes Hinterteil. Weitere Zwerge streckten ebenfalls die Zunge heraus und zeigten einen Vogel. Das Gericht ordnete die Entfernung der Zwerge an (AG Grünstadt, 11.2.1994, 2 a C 334/93, NJW 1995, 889).

Normale Gartenzwerge dagegen müssen von den Nachbarn toleriert werden. Es handelt sich dann lediglich um eine optische Beeinträchtigung, die jeder nach Geschmack stärker oder schwächer empfindet und die mit der Nachbarklage nicht bekämpft werden kann.

6.10.3 Weiße Fassade

Wer sich durch die weiße Fassade des Nachbarhauses geblendet fühlt, kann in der Regel wenig dagegen unternehmen. So entschied das OLG Düsseldorf, dass gegen den weißen Fassadenanstrich eines Gebäudes nicht mit der Nachbarklage vorgegangen werden kann (26.9.1990, 9 U 68/90, MDR 1991, 57).

6.10.4 Fahnen

Allerdings hatte das LG Düsseldorf einem Nachbarn Recht gegeben, der sich durch ständig wechselnde Reflexionen von Sonnenlicht auf wehenden Fahnen gestört fühlte, die als Werbeträger auf dem Nachbargrundstück aufgestellt waren (5.3.1997, 2 b O 39/97, DWW 1997, 188).

6.10.5 Straßenlaternen

Fühlt sich ein Straßenanlieger durch das Licht der gemeindlichen Straßenlaternen beeinträchtigt, kann er vor dem Verwaltungsgericht mit der öffentlich-rechtlichen Nachbarklage gegen die Gemeinde vorgehen (§ 1004 Abs. 1 BGB analog). Eine solche Klage wird aber in der Regel scheitern, weil die Richter die Straßenlaterne für ortsüblich halten.

6.10.6 Plakate

Ob die Nachbarn Plakate in ihren Fenstern oder an der Außenwand aufhängen dürfen, die die Mitbewohner stören, hängt von deren Inhalt und Gestaltung ab (BayObLG, 25.2.1983, RE 1/82, ZMR 1983, 352).

6.11 Parabolantenne

Auch die Aufstellung einer Parabolantenne kann immer wieder für Streit sorgen. Die Gerichte sind der Ansicht, dass andere Mitbewohner bei einem vorhandenen Kabelanschluss keine weitere eigene Antenne verlangen können. Bei einem solchen Anschluss in der Wohnung geht das Eigentümerinteresse des Vermieters dem Informationsinteresse des Mieters vor. Ausländischen Mietern, die Programme aus ihrer Heimtat sehen wollen, kann eine gebührenpflichtige Nutzung der Kabelanlage durch den Empfang digitaler Zusatzprogramme mit dem Kauf von Zusatzgeräten, zum Beispiel eines Digitaldecoders, zugemutet werden, entschied das BVerfG (14.2.2005, 1 BvR 1908/01, WuM 2007, 379). Der BGH entschied, dass dann, wenn die Mietwohnung an das Breitbandkabel angeschlossen ist, dies für den Vermieter Grund genug sei, die Installation einer Parabolantenne am Gebäude zu untersagen (17.4.2007, VIII ZR 63/04, WuM 2007, 380). Sie können Ihren Mietern ausländischer Staatsbürgerschaft allerdings nicht generell die Montage einer Parabolantenne verbieten, wenn das Haus zwar an das Breitbandkabelnetz angeschlossen ist, der Mieter jedoch über das Kabel keine Programme seines Heimatlandes empfangen kann. Dann müssen Sie die Satellitenschüssel dulden, wenn der Mieter bestimmte Bedingungen einhält:

- Der Mieter muss mit Ihnen den Aufstellungsort der Antenne absprechen.
- Die Antenne muss fachmännisch und ohne nachteilige Eingriffe in die Substanz montiert werden.
- Der Mieter muss Sie von allen Kosten und Gebühren, die mit der Installation verbunden sind, freistellen.
- Der Mieter muss unter Umständen eine Kaution für die Kosten des Rückbaus der Parabolantenne hinterlegen.

Sie können auch trotz einer Klausel im Mietvertrag, wonach außerhalb der Wohnung keine Antennen angebracht werden dürfen, wegen des Informationsinteresses des Mieters verpflichtet sein, dem Mieter zusätzliche Satellitenprogramme zuzugestehen und der Aufstellung einer Antenne zuzustimmen.

Das Informationsinteresse des Mieters kann ihn auch berechtigen, eine Parabolantenne am Balkon zu befestigen (BGH, 16.11.2005, VIII ZR 5/05, WuM 2006, 28).

BEISPIEL: Keine Substanzverletzung

Mieter stellten auf dem Fußboden des Balkons ihrer Wohnung eine Parabolantenne ohne feste Verbindung zum Gebäude auf. Dies hielten die Richter für rechtens: Es liege weder eine Substanzverletzung noch eine ästhetische Beeinträchtigung des Eigentums des Vermieters vor.

Wird die Substanz nicht durch Bohrlöcher oder Lackschäden verletzt und steht die Antenne im Inneren des Gebäudes am Fenster oder auf dem Fußboden im hinteren Bereich auf einem durch Vorder- und Seitenwände sichtgeschützten Balkon, kann der Mieter das Aufstellen einer Parabolantenne verlangen.

Allerdings müssen Mieter darauf achten, dass sie die Antenne zuverlässig gegen Umkippen, etwa bei einem Sturm, sichern (BGH, 17.4.2007, VIII ZB 93/06, NZM 2007, 481).

Ästhetische Beeinträchtigung

Anders wird die Sachlage dann beurteilt, wenn eine auf dem Balkon aufgestellte Parabolantenne von außen deutlich sichtbar ist und dadurch zu einer ästhetischen Beeinträchtigung führt. Dies braucht der Vermieter nicht zu dulden. Der Vermieter kann dann Beseitigung verlangen, allerdings erst nach vorheriger Abmahnung des Mieters.

Als Hauseigentümer ist man am besten dran, wenn man eine Parabolantenne aufstellen möchte. Stört sich der Nachbar an dem Anblick der Schüssel auf der Terrasse, kann er dagegen nichts unternehmen. Der ihn störende Anblick ist nur eine sogenannte ästhetische oder optische Beeinträchtigung, die nach der Rechtsprechung mit den Mitteln des Nachbarrechts nicht abgewehrt werden kann.

6.12 Störungen in Treppenhaus und Flur

Streit unter den Wohnungsnachbarn entsteht häufig auch durch das Abstellen von Kinderwagen oder Rollatoren und Rollstühlen im Hausflur. Bilder, Weihnachtsschmuck, Schuhe oder Schuhschränke – grundsätzlich darf der Mitbewohner im Treppenhaus und vor seiner Wohnungstüre keine Sachen auf Dauer abstellen. Für Kinderwagen und Rollstühle kann eine Ausnahme gemacht werden, wenn eine Weigerung für den Mieter unzumutbar wäre und die übrigen Mieter dadurch nicht wesentlich beeinträchtigt werden. Voraussetzung, so der BGH, sei aber, dass die Gegenstände nicht zu groß sind und von ihnen keine Belästigung und Gefährdung ausgehen (10.11.2006, V ZR 46/06, NZM 2006, 37). Der Mieter kann die Miete aber nicht wegen einer im Treppenhaus aufgestellten Madonna mindern (AG Münster, 22.7.2003, 3 C 2122/03, NJW 2004, 1334). Selbstverständlich ist, dass andere Mitbewohner nicht ihren Müll im Treppenhaus lagern dürfen.

6.13 Videoüberwachung

Der gläserne Mensch, wie ihn George Orwell als Schreckensvision zeichnete, ist längst Wirklichkeit. Unsere Daten sind vielerorts gespeichert und abrufbar. Im privaten Bereich gelten allerdings immer noch Grenzen. Sie liegen im allgemeinen Persönlichkeitsrecht jedes Einzelnen. Dies schützt ihn beispielsweise vor Videoüberwachungsanlagen oder entsprechende Attrappen, die der Vermieter im Hausflur oder

Eingangsbereich des Gebäudes aufstellen will. Überwachungssysteme können zwar im öffentlichen Bereich zulässig sein. In einem Mehrfamilienhaus gelten allerdings andere Maßstäbe, weil dort die Privatsphäre des Mieters betroffen sein kann, wenn die Kamera so postiert ist, dass mit ihr die Beobachtung des Mieters möglich ist.

Auch die Beobachtung eines Nachbargrundstücks mit Hilfe einer Videokamera ist unzulässig. Dies stellt ebenfalls einen Eingriff in die geschützte Privatsphäre des Nachbarn dar (BGH, 25.4.1995, VI ZR 272/94, NJW 1995, 1955). Der überwachte Nachbar kann sich mit einer Unterlassungsklage gegen die Observierung zur Wehr setzen (§§ 1004, 823 Abs. 2 BGB).

TIPP: Es reicht, wenn Sie sich beobachtet fühlen

Ob sich der Vermieter die aufgenommenen Bilder tatsächlich anschaut, ist unerheblich. Es kommt nur darauf an, dass der Mieter den Eindruck hat, dass sein Kommen und Gehen sowie das der ihn begleitenden Personen überwacht oder aufgezeichnet wird.
Das AG Spandau entschied wie viele andere Gerichte auch, dass es niemand dulden müsse, dass ein Anderer von ihm Filmaufnahmen mittels einer Videokamera fertigt. Eine sichtbar installierte Videokamera stellt eine andauernde Androhung einer Videoüberwachung dar, ohne dass es darauf ankommt, ob diese tatsächlich eingeschaltet ist (6.1.2004, 5 C 557/03, WuM 2004, 214).

Nur ausnahmsweise kann die Installation einer Videokamera erlaubt sein, wenn andere, grundrechtlich geschützte Güter das Persönlichkeitsrecht des Mieters überlagern. Bestehen zum Beispiel konkrete Anhaltspunkte dafür, dass Angriffe auf den Vermieter oder andere Mieter bevorstehen oder zu befürchten sind, darf sich der Vermieter per Videoaufzeichnung schützen. Auch ein geh- und sehbehinderter Mieter darf anstelle eines Türspions eine Videokamera zur Überwachung seiner Wohnungseingangstür anbringen, sofern diese ausschließlich diesen Bereich erfasst (AG Köln, 20.12.1994, 208 C 57/94, NJW-RR 1995, 1226). Wer allerdings meint, er dürfe seine Mitmieter und Nachbarn überwachen oder durch eine Attrappe auch nur erschrecken, der sieht sich getäuscht. Das AG Aachen hält diese Überwachung für unzulässig (11.11.2003, 10 C 386/03, NZM 2004, 339).

Allerdings entschied der BGH, dass die Installation einer Überwachungsanlage auf einem privaten Grundstück dann nicht rechtswidrig ist, wenn feststeht, dass dadurch öffentliche und fremde private Flächen nicht erfasst werden und wenn dies nur durch eine äußerlich wahrnehmbare technische Veränderung der Anlage möglich ist. Ein Anspruch der Nachbarn, die Kameras abzubauen, bestünde nur dann, wenn Dritte eine Überwachung objektiv ernsthaft befürchten müssten, zum Beispiel wenn ohnehin schon ein Nachbarschaftsstreit schwelt (16.3.2010, VI ZR 176/09, DWW 2010, 269).

6.14 Mobilfunk

Überall schießen Mobilfunkstationen aus dem Boden und werden mit Misstrauen von den Nachbarn beäugt. Zwar will jeder mit einem Handy telefonieren, doch dies funktioniert nur mit Hilfe von nahe gelegenen Mobilfunkmasten – und die Strahlung, die von diesen, und sei sie nur angenommen, ausgeht, ist vielen Menschen nicht geheuer. Klagen von Anwohnern gegen Mobilfunksendeanlagen gingen in der Vergangenheit ebenso ins Leere wie Ansprüche gegen Vermieter von Immobilien, auf denen Mobilfunkanlagen installiert sind. Eine Mobilfunkanlage auf dem Dach der Mietwohnung berechtigt daher weder zu einer Mietminderung, noch zu einer fristlosen Kündigung des Mieters. Ängste, dass solche Anlagen gesundheitsgefährdend sein könnten, reichen nicht für einen Unterlassungsanspruch gegen den Betreiber der Anlage aus, wenn diese die zulässigen Grenzwerte einhält. Planen Sie allerdings die Errichtung einer solchen Antenne, müssen Sie dem Mieter die Gefahrlosigkeit der Anlage und den beabsichtigten Standort darlegen. Der Mieter sollte sich belegen lassen, dass die Errichtung der Basisstation nicht gegen geltendes Baurecht verstößt und die Grenzwerte eingehalten werden.

▶ **BEISPIEL: Die Sendeanlage auf dem Dach**

Eine Gemeinde betrieb auf dem Kirchturm in Bruchköbel eine Mobilfunksendeanlage. Die Nachbarn, die in der Nähe wohnten beziehungsweise dort einer beruflichen Tätigkeit nachgingen, verlangten von der Gemeinde, den Betrieb der Sendeanlage zu unterlassen. Sie behaupteten, von dem Betrieb der Anlage gehe für sie eine konkrete Gesundheitsgefährdung aus, vor der sie die Einhaltung der Grenzwerte der 26. Bundesimmissionsschutzverordnung nicht schütze. Zum einen seien diese Werte zu hoch angesetzt, zum anderen erfasse die Verordnung nur die sogenannten thermischen Wirkungen, nicht aber die athermischen, die unter anderem zu einer Steigerung des Krebsrisikos führten, negative Auswirkungen auf das Immunsystem hätten und auch Kopfschmerzen, Gehör- und Konzentrationsstörungen auslösten.

Der BGH wies die Klage ab: Die Nachbarn müssten die von der Mobilfunkanlage ausgehenden elektromagnetischen Felder dulden, weil die Immissionen zu keiner oder nur zu einer unwesentlichen Beeinträchtigung führten. Eine unwesentliche Beeinträchtigung liege in der Regel dann vor, wenn wie hier die in Gesetzen und Rechtsverordnungen festgelegten Grenzen oder Richtwerte von den ermittelten und bewerteten Immissionen nicht überschritten werden. Die Nachbarn hätten nicht dargelegt, dass ein wissenschaftlich begründeter Zweifel an der Richtigkeit der in der Bundesimmissionsschutzverordnung festgelegten Grenzwerte und ein fundierter Verdacht einer Gesundheitsgefährdung durch elektromagnetische Felder unterhalb dieser Werte bestehe (13.2.2004, V ZR 217/03 und V ZR 218/03, NJW 2004, 310).

6.15 Balkon

Wohnungen mit Balkon sind begehrt. Sie ermöglichen Freizeitvergnügen in frischer Luft, sei es zum Sonnen, Grillen, Feiern, Rauchen, Wäsche aufhängen oder Blumen züchten. Doch nicht alle Aktivitäten stoßen bei den Mitbewohnern auf Gegenliebe.

6.15.1 Blumentöpfe

Blumentöpfe dürfen auch an der Außenseite des Balkons angebracht werden. Sie müssen aber so gut befestigt sein, dass sie nicht von einem Windstoß aus der Verankerung gerissen werden und dem Nachbarn aufs Haupt fallen können. Das Gießen der Balkonpflanzen sollte so vorsichtig erfolgen, dass darunter wohnende Mitbewohner und Passanten nicht in Mitleidenschaft gezogen werden oder die Fassade beschädigt wird. Herabfallende Blätter müssen darunter wohnende Mitbewohner in der Regel dulden. Dies gilt allerdings nicht für den Anbau jeder Pflanze: Der wild wuchernden Knöterich, der in erheblichem Umfang über die Brüstung hinauswächst und zu einer übermäßigen Belästigung durch abgestorbene Pflanzenteile führt, bildet beispielsweise eine Ausnahme, die man nicht hinnehmen muss (LG Berlin, 28.10.2002, 67 S 127/02, GE 2003, 188).

TIPP: Bitten Sie Ihren Vermieter vorher um Erlaubnis

Der Mieter kann für seine Pflanzen auch Pflanzgitter, Rankhilfen oder einen optisch unauffälligen Sichtschutz auf Balkon und Terrasse anbringen. Die Blumenkästen sollten allerdings optisch zum Haus passen. Vor dem Anbringen sollte daher der Vermieter um Erlaubnis gefragt werden, um späteren Ärger zu vermeiden. Ist der Vermieter vorab informiert und gibt seinen Segen, sind Sie auf jeden Fall auf der sicheren Seite.

6.15.2 Wäsche

Der Mieter darf auf dem Balkon zumindest seine kleine Wäsche trocknen und dafür auch einen Wäscheständer aufstellen. Einen Unterlassungsanspruch hat der gestörte Nachbar lediglich dann, wenn die aufgehängte Wäsche den optischen Gesamteindruck des Hauses wesentlich beeinträchtigt (AG Euskirchen, 11.1.1995, 13 C 663/94, WuM 1995, 310). Anders dagegen die Montage einer Markise: Hierzu muss immer der Vermieter um Erlaubnis gefragt werden.

6.15.3 Gesellige Runden auf dem Balkon

Zum Sonnen oder Kaffeetrinken dürfen sich Freunde, Nachbarn oder Verwandte auf dem Balkon aufhalten. Beim gemeinsamen Feiern oder Grillen muss aber auf die Nachbarn Rücksicht genommen werden. In einem Mehrfamilienhaus darf man einmal im Monat auf dem Balkon grillen, wenn die anderen Mieter 48 Stunden vorher darüber informiert wurden. Eine Hausordnung kann allerdings ein Grillverbot verhängen (LG Essen, 7.2.2002, 10 S 438/01, ZMR 2002, 597).

Streit kann sich entzünden, wenn der Wohnungsnachbar auf seinem Balkon raucht und der Qualm in die darüber liegende Wohnung zieht. Das muss aber von den belästigten Mitbewohnern hingenommen werden (AG Bonn, 9.3.1999, 6 C 510/98, NZM 2000, 33).

6.16 Weihnachtsdekoration

Mit der Weihnachtsdekoration sollte man es ebenfalls nicht übertreiben. Auch hier gilt es, auf die Mitbewohner Rücksicht zu nehmen. Seine Wohnung kann man von innen so dekorieren, wie man will, und auch außerhalb der Wohnung ist es durchaus erlaubt, Weihnachtsschmuck anzubringen. Gegen einen Kranz an der Eingangstür oder eine zurückhaltende Beleuchtung auf dem Balkon darf niemand etwas einwenden. Blinkt die Weihnachtsdekoration allerdings so grell, dass der Nachbar nicht mehr schlafen kann, kann dieser den Störer auffordern, die Beleuchtung zumindest nachts auszuschalten. Reagiert dieser darauf nicht, besteht die Möglichkeit einer Unterlassungsklage. Betroffene können sich allerdings auch gleich an ihren Vermieter wenden und um Abhilfe bitten.

Wer sich gerne mit weihnachtlichen Gerüchen umgibt, also Räucherkerzen aufstellt oder mit weihnachtlichen Essenzen befüllte Duftlampen, braucht den Ärger der Nachbarn nicht zu fürchten. Solche Gerüche gehören zu Weihnachten und müssen im Prinzip von den Nachbarn geduldet werden.

Es dürfen keine Kerzen unbeaufsichtigt im Hausflur brennen, und der Schmuck am Balkon muss so gut befestigt werden, dass er auch bei stärkerem Wind nicht herunterfällt. Will ein Nachbar gar einen mannsgroßen, kraxelnden Nikolaus an der Hauswand anbringen, muss er den Vermieter vorher um Erlaubnis fragen. Dieser kann seine Zustimmung verweigern, wenn für die Befestigung die Fassade angebohrt werden muss. Dies gilt auch dann, wenn die Weihnachtsdekoration die Optik des Hauses beeinträchtigt. Vermieter können das Entfernen der Nikolausfigur verlangen, wenn sie nicht richtig gesichert ist.

Ein elektrisch beleuchteter Tannenbaum im Garten macht in der Regel keine Probleme, wenn der Mieter den Garten mitgemietet hat. Andernfalls braucht er natürlich die Genehmigung des Vermieters.

TIPP: Genehmigung des Vermieters

Wenn der Schmuck sehr hell leuchtet, auffällig blinkt oder sein Licht stark in eine benachbarte Wohnung leuchtet, benötigt der Nachbar für die Weihnachtsbeleuchtung eine Genehmigung des Vermieters.

6.17 Rauchen

Rauchen in den Mieträumen gehört zum Persönlichkeitsrecht des Mieters und ist eine freie Willensentscheidung des Einzelnen. Deshalb kann es auch formularmäßig im Mietvertrag nicht untersagt werden (BGH, 28.6.2006, VIII ZR 124/05, NZM 2006, 691). Zumindest das „normale“, also nicht das exzessive Rauchen, haben die Gerichte als vertragsgemäßen Gebrauch der Mietsache angesehen. Da der Balkon mitvermietet wird, dürfen Mieter auch auf ihren Balkonen rauchen. Der Vermieter oder andere Mieter können selbst dann nichts dagegen einwenden, wenn der Rauch in die darüber liegende Wohnung zieht (AG Bonn, 9.3.1999, 6 C 510/98, WuM 1999, 452). Der Vermieter kann jedoch das Rauchen in gemeinschaftlich genutzten Räumen wie Fluren, Treppenhäusern und Aufzügen untersagen.

Qualmen kann also nicht komplett verboten werden. Wenn allerdings andere über Gebühr strapaziert werden, können Sie die Miete mindern beziehungsweise das Mietverhältnis fristlos kündigen.

6.18 Gewerbliche Nutzung

Wurde die Wohnung im Haus nur zur Wohnnutzung überlassen, wird sie dann aber gewerblich genutzt, stellt sich die Frage, ob sich die Nachbarn dagegen wehren können, wenn sie sich durch diese zweckwidrige Nutzung gestört fühlen. Als Faustregel gilt hier: Soweit Nachbarn nicht gestört werden, wird sich eine gewerbliche Nutzung im zulässigen Rahmen halten. Wer allerdings eine Tätigkeit ausübt, die Kundenbesuche oder den Einsatz lauter Maschinen erfordert, wird dabei an die Grenzen des Erlaubten stoßen. Solche Tätigkeiten dürften vom Mietvertrag nicht umfasst sein.

Geht der Mieter sogar der Prostitution nach, brauchen dies weder der Vermieter, noch die Wohnungsnachbarn hinzunehmen. Prostitution im Wohnhaus ist ein Mangel der Mietwohnung (AG Köln, 25.3.2002, 22 C 324/01, WuM 2003, 145). Die anderen Bewohner können dann vom Vermieter verlangen, dass er diese Tätigkeit verbietet. Bleibt der Vermieter untätig, können sie fristlos kündigen und Schadensersatz verlangen.

Ein Bordell im Nachbarhaus, das zwar das sittlich-moralische Empfinden der Nachbarn stören mag, ansonsten aber zu keinen Beeinträchtigungen führt, müssen die Nachbarn tolerieren (BGH, 12.7.1985, V ZR 172/84, NJW 1985, 2823). Führt der Betrieb allerdings dazu, dass wegen der an- und abfahrenden Autos die Nachbarn mit mehr Lärm konfrontiert werden, können die Nachbarn eine Einstellung des Bordellbetriebs vor Gericht durchsetzen (OLG Oldenburg, 9.1.1998, 6 U 177/97, WuM 1998, 164).

Auch wer fremde Kinder als Tagesmutter betreut, muss damit rechnen, bei Vermieter und Nachbarn auf Widerstand zu stoßen. Das LG Berlin lehnte die Erlaubnis in einem Fall ab, in dem die Tagesmutter fünf Kinder betreut hatte (6.7.1992, 61 S 56/92, MDR 1993, 236).

BEISPIEL: Büroarbeit in der Regel erlaubt

Büroarbeit zu Hause muss der Vermieter erlauben, wenn weder eine Belästigung der Nachbarn, noch eine Veränderung oder Beschädigung der Wohnung zu befürchten ist.

Mieter müssen dennoch ihren Vermieter über die beabsichtigte häusliche Berufstätigkeit in Kenntnis setzen. Nach einem Urteil des LG München II kann ein vertragswidriger Gebrauch der Mieträume den Vermieter zu einer ordentlichen Kündigung berechtigen. Dies geschah in einem Fall, in dem der Mieter in der Wohnung die gesamte Bürotätigkeit seines Betriebs führte und sowohl vor Aufnahme dieser Tätigkeit als auch nach entsprechender Abmahnung durch den Vermieter keine Auskunft über den Umfang der Tätigkeit erteilt hatte (25.7.2006, 12 S 2128/06, ZMR 2007, 278).

Mieter müssen auch darauf achten, dass sie nicht gegen das sogenannte Zweckentfremdungsverbot verstoßen, falls es ein solches in der Gemeinde oder Stadt gibt. Es kann vorsehen, dass Mietwohnungen nur mit amtlicher Erlaubnis in Gewerberaum umgewandelt werden dürfen. Ärger kann es auch mit dem Bauamt geben, das den Umfang von Gewerberäumen in Wohngebieten beschränkt. Häufig darf nur die Hälfte der gesamten Wohnfläche eines Hauses in Büroraum umgewandelt werden, entschied das BVerwG (18.5.2001, 4 C 8/00, DWW 2001, 269).

Musterbrief: Abmahnung wegen unzulässiger gewerblicher Nutzung

Musterbrief: Abmahnung wegen unzulässiger gewerblicher Nutzung

Heinz Müller
Blumengasse 7
21212 Musterstadt

[Datum]

Unzulässige gewerbliche Nutzung

Sehr geehrter Herr Müller,

mit Mietvertrag vom 1.1.2010 haben Sie die Wohnung ______ [Straße, Hausnummer] in ______ [Postleitzahl, Ort] gemietet. Die Anmietung erfolgte ausschließlich zu Wohnzwecken. Die Wohnung besteht aus zwei Zimmern, Küche und Bad und ist circa 55 Quadratmeter groß.
Wir mussten feststellen, dass Sie die Wohnung ohne unsere Erlaubnis gewerblich nutzen. Sie betreiben in der Wohnung ein Kosmetik- und Nagelstudio und haben die Wohnung als Ihre Geschäftsadresse angegeben sowie ein zusätzliches Schild mit dem Namen des Kosmetik- und Nagelstudios neben der Klingel angebracht.
In der Wohnung empfangen Sie regelmäßig Kunden, täglich circa fünf bis acht Personen. Dieser Parteiverkehr führt zu erhöhtem Lärm im Treppenhaus auch während der Ruhezeiten. Zudem wird durch die Kunden das Treppenhaus verstärkt verschmutzt. Die teilgewerbliche Nutzung der Wohnung stellt einen vertragswidrigen Gebrauch dar. Deshalb fordern wir Sie auf, umgehend, jedoch
spätestens bis zum 15.5.2011
die vertragswidrige Nutzung der Mietwohnung einzustellen und auch zukünftig zu unterlassen sowie das Schild mit dem Hinweis auf das Gewerbe zu entfernen. Sollten Sie unserer Aufforderung nicht nachkommen, müssen Sie nicht nur mit einer Klage auf Unterlassung, sondern auch mit einer außerordentlichen fristlosen Kündigung aus wichtigem Grund wegen vertragswidrigen Gebrauchs oder einer ordentlichen Kündigung des Mietvertrags rechnen.

Mit freundlichen Grüßen

[Unterschrift Vermieter]

6.19 Verkauf des Hauses

Wer einen bösen Nachbarn hat, kann doppelt gestraft sein: So muss der Hausverkäufer auch ohne Fragen des Käufers darauf hinweisen, wenn sich die Nachbarn extrem schikanös verhalten, zum Beispiel mit Schreianfällen und lauter Musik während der Nacht, Beschimpfungen, Beleidigungen, Beschmieren der Haustür und Morddrohungen. In Extremfällen kann die Folge davon sein, dass der Käufer das Haus zurückgeben kann und sämtliche ihm durch den Verkauf entstandenen Schäden ersetzt bekommt (OLG Frankfurt a.M., 20.10.2004, 1 U 84/01).

7 Der Wohnungseigentümer

Das Nachbarrecht ist vielseitig: Zum einen geht es um die Rechte zwischen den Grundstücksnachbarn, dann um die Rechte der Nachbarn im Mietshaus, also zwischen den Mitbewohnern untereinander und zwischen Vermieter und Mieter, schließlich um die Rechte der Miteigentümer und Bewohner in Eigentumswohnanlagen.

7.1 Mietrecht versus Wohnungseigentumsrecht

Besonders kompliziert kann es werden, wenn es um vermietete Eigentumswohnungen geht. Dann kann im Mietvertrag unter Umständen anderes erlaubt sein als in der Wohnanlage. Ändern sich etwa die Verhältnisse in der Anlage, zum Beispiel durch Beschlüsse, geraten vermietende Wohnungseigentümer oft in eine Zwickmühle. Für diese vielfältigen Rechtsbeziehungen bietet das Mietrecht keine Lösungen, daher werden immer häufiger die Gerichte eingeschaltet. So kann sich ein Vermieter leicht aufs Glatteis begeben, wenn er dem Mieter etwa die Hundehaltung erlaubt. Besteht ein Beschluss der Gemeinschaft, der die Haltung von Hunden verbietet, können die anderen Wohnungseigentümer sowohl gegen ihn als auch gegen seinen Mieter vorgehen. Ein Unterlassungsanspruch läuft allerdings ins Leere, wenn sich der Mieter weigert, den Hund abzuschaffen, den ihm sein Mietvertrag erlaubt. Wenden sich die Wohnungseigentümer gegen den Mieter direkt, kann dieser gegenüber seinem Vermieter die Miete mindern oder sogar wegen Nichtgewähren des vertragsmäßigen Gebrauchs fristlos kündigen.

TIPP: Was ein Mietvertrag enthalten sollte

Vor jeder Vermietung in der Wohnanlage sollte sich der Eigentümer umfassend über die zulässige Nutzung des Sondereigentums sowie alle Beschlüsse der Eigentümergemeinschaft informieren.

Bringen Sie im Mietvertrag zum Ausdruck, dass die Benutzung sowohl des Sonder- wie auch des Gemeinschaftseigentums durch den Mieter auf die dem Vermieter zustehenden Rechte beschränkt ist. Der Mietvertrag sollte auch eine Klausel enthalten, wonach Bestimmungen der Gemeinschaftsordnung und Beschlüsse der Wohnungseigentümer wesentlicher Bestandteil des Mietvertrags sind. Für den Fall, dass die Wohnungseigentümer nach dem Abschluss des Mietvertrags neue Beschlüsse fassen, die alte Regelungen aufheben, sollte ein mietvertraglicher Änderungsvorbehalt aufgenommen werden. Erlaubt der Mietvertrag etwa die Hundehaltung, sollte klar gemacht werden, dass die Erlaubnis für den Fall eines einschränkenden Beschlusses der Eigentümergemeinschaft widerruflich ist.

7.1.1 Regelung im Mietvertrag

Der Mietvertrag sollte grundsätzlich mit der Gemeinschaftsordnung und der Hausordnung sowie den Eigentümerbeschlüssen in Einklang gebracht werden. Der Mieter sollte durch eine Klausel verpflichtet werden, diese Vereinbarungen und Ordnungen und Beschlüsse zu beachten.

7.1.2 Anpassung an geänderte Verhältnisse

In den Mietvertrag sollte eine Regelung aufgenommen werden, die es dem Vermieter erlaubt, den Mietvertrag an geänderte Verhältnisse in der Wohnanlage anzupassen.

Auch die Streitpunkte, die es in Wohnungseigentumsanlagen gibt, können im Wohnungseigentumsrecht gesondert geregelt, beziehungsweise von der Rechtsprechung anders gesehen werden als im Mietrecht. Im Folgenden werden die Wichtigsten dargestellt und erläutert.

7.2 Sondernutzungsrechte

Wenn Sie Wohnungseigentümer sind, können Sie nicht so frei schalten und walten, wie Sie wollen. In Teilungserklärung, Gemeinschaftsordnung oder in einer Vereinbarung können einzelnen Wohnungseigentümern Sondernutzungsrechte an Gemeinschaftsflächen eingeräumt werden. In diesem Fall steht dem Sondernutzungsberechtigten das alleinige und ausschließliche Gebrauchs- und Nutzungsrecht zu. Allerdings ist dieses Recht mit Rücksicht auf das notwendige Zusammenleben in einer Hausgemeinschaft dadurch eingeschränkt, dass jeder Wohnungseigentümer von den in seinem Sondereigentum stehenden Gebäudeteilen sowie von dem gemeinschaftlichen Eigentum nur so Gebrauch machen darf, dass dadurch keinem anderen Wohnungseigentümer über das bei einem geordneten Zusammenleben unvermeidbare Maß hinaus ein Nachteil entstehen kann. Dies kommt häufig bei der Zuweisung eines Gartenanteils vor. Die anderen Wohnungseigentümer dürfen dann diesen Garten nicht benutzen. Der Sondernutzungsberechtigte darf allerdings den Garten nur im Rahmen der üblichen gärtnerischen Bepflanzung gestalten. Er muss die Vorschriften zum Grenzabstand und zur erlaubten Höhe von Bepflanzungen einhalten und dabei auch den Charakter der Gesamtgrünanlage beachten.

7.2.1 Grenzabstandsregeln gelten für alle

Die Grenzabstandsregelungen für Bäume, Sträucher und Hecken gelten nach der Rechtsprechung auch für Wohnungseigentumsanlagen. Wenn Sie deshalb als Wohnungseigentümer Ihren als Sondernutzungsfläche ausgewiesenen Gartenanteil bepflanzen wollen, vergessen Sie nicht die für Bäume, Sträucher und Hecken vorgeschriebenen Grenzabstände.

BEISPIEL: Beseitigung einer Schwarzkiefer

Ein Sondernutzungsberechtigter musste in einer zum Gemeinschaftseigentum gehörenden Gartenanlage eine 15 Jahre alte Schwarzkiefer entfernen lassen, weil sie den Nachbarn in Licht und Sicht beeinträchtigte. Die Schwarzkiefer hatte im Laufe der Jahre einen Kronendurchmesser von vier Metern und eine Höhe von acht Metern erreicht. Anders als im Nachbarrecht zwischen Grundstücksnachbarn geregelt, habe ein Wohnungseigentümer schon dann einen Abwehr- und Beseitigungsanspruch gegen den Nachbarn, wenn eine nicht ganz geringfügige, konkret spürbare und objektiv feststellbare Beeinträchtigung vorliege. Diese Wertung trage der in der Regel größeren räumlichen Nähe zwischen Wohnungseigentümern Rechnung und entspräche der wechselseitigen Rücksichtnahme und der Schutz- und Treuepflicht innerhalb einer Eigentümergemeinschaft. Es handele sich nicht um benachbarte Grundstücke, sondern um ein Gartenstück im gemeinschaftlichen Eigentum, bei dem es weder rechtlich noch faktisch eine Grenze im Sinne des Nachbarrechts gebe. Auch sei das Beseitigungsverlangen nicht dadurch verwirkt, dass die betroffenen Wohnungseigentümer viele Jahre lang dem Wachsen des Baumes zugesehen hätten. Der Beseitigungsanspruch entstehe in einem solchen Fall erst dann, wenn der Baum eine Höhe erreiche, die zu spürbaren Beeinträchtigungen führe. Das OLG Köln verurteilte den Sondernutzungsberechtigten dazu, die von ihm gepflanzte Schwarzkiefer auf eine Höhe von höchstens drei Metern zu kürzen (OLG Köln, 7.6.1996, 16 Wx 88/96, NJW-RR 1997, 14).

Ein Wohnungseigentümer kann auch von einem anderen Wohnungseigentümer verlangen, dass er seine Hecke zurückschneidet. Das OLG München entschied, dass auch derjenige, der die Hecke nicht selbst angepflanzt hat, den die anderen Wohnungseigentümer störenden Zustand beseitigen muss. Denn jeder Wohnungseigentümer ist für Störungen, die von seinem Sondereigentum oder seinem Sondernutzungsrecht ausgehen, verantwortlich. Er muss es daher nicht nur dulden, dass die anderen Wohnungseigentümer die Hecke zurückschneiden, sondern er muss die Störung sogar selbst beseitigen, also selbst für den Rückschnitt sorgen (OLG München, 3.8.2009, 32 Wx 8/09, NZM 2009, 707).

7.2.2 Stellplätze

Auch wenn einem oder mehreren Wohnungseigentümern ein Sondernutzungsrecht etwa für Stellplätze im Hof eingeräumt wurde, kann der konkrete Gebrauch durch die anderen Wohnungseigentümer geregelt werden. In einem Fall beschränkte die Eigentümergemeinschaft die Ein- und Ausfahrt zu den Stellplätzen bis 21 Uhr. Diesen Eigentümerbeschluss erklärte das OLG München für zulässig. Auch der konkrete Gebrauch eines in der Teilungserklärung bestellten Sondernutzungsrechts unterliege der Regelungskompetenz durch eine Hausordnung (3.4.2007, 34 Wx 25/07, NZM 2008, 44).

7.3 Umbauten

Auch wenn einem Wohnungseigentümer ein Sondernutzungsrecht eingeräumt wurde, bedeutet dies noch nicht, dass er auch zu baulichen Veränderungen berechtigt ist. Dafür ist immer ein Beschluss der Wohnungseigentümer erforderlich, auch dann, wenn die baulichen Veränderungen nur die Sondernutzungsflächen betreffen. Eigenmächtige bauliche Veränderungen ohne die erforderliche Beschlussmehrheit führen daher zu Rückbauansprüchen der Wohnungseigentümergemeinschaft. Dies konnten die Wohnungseigentümer verlangen beim eigenmächtigen Fällen eines Baumes (OLG Düsseldorf, 6.4.1994, 3 Wx 534/93, WuM 1994, 495), bei der Einzäunung einer zur Sondernutzung überlassenen Gartenfläche (KG Berlin, 10.2.1997, 24 W 6582/96, DWE 1987, 64), bei einem eigenmächtig errichteten Gartenhaus (BayObLG, 21.4.1992, 2 Z 20/92, WE 1993, 255) sowie einer Pergola (OLG Köln, 21.2.1997, 16 Wx 8/97, DWE 1997, 115).

Bei einem eigenmächtig errichteten Zaun oder einer anderen Einfriedung dagegen scheiden sich die Geister: Zwar ist man sich einig, dass es sich dabei um eine bauliche Veränderung handelt. Während die einen jedoch meinen, dass dies der Zustimmung aller Wohnungseigentümer bedürfe, meinen die anderen, dass es auf das Maß der optischen und architektonischen Veränderung ankomme. Das Pflanzen einer Hecke und das Errichten eines Maschendrahtzauns wurde daher auch ohne die Zustimmung der übrigen Wohnungseigentümer für zulässig gehalten (BayObLG, 28.10.1998, 2 Z BR 122/98, NZM 1999, 261).

TIPP: Bleiben Sie besonnen

Das Recht auf Beseitigung steht den übrigen Wohnungseigentümern auch dann noch zu, wenn es nicht während der Baumaßnahmen, sondern erst nach deren Abschluss geltend gemacht wird. Das volle Ausmaß der Veränderung lässt sich oftmals eben erst später erkennen, wenn die Baumaßnahmen abgeschlossen sind.

7.4 Gartennutzung

Wer in einer Wohnungseigentümergemeinschaft meint, er könne ohne Zustimmung der anderen Eigentümer eine Gartenhütte aufstellen oder einen Sandkasten einrichten, der täuscht sich. Dies ist ebenso wenig erlaubt wie die eigenmächtige Beseitigung eines Plattenwegs. Einer baulichen Veränderung müssen immer alle davon beeinträchtigten Wohnungseigentümer zustimmen. Auch eigenmächtig aufgestellte Blumenkübel oder gepflanzte Bäume stellen ein unzulässiges Verhalten dar und rechtfertigen einen Beseitigungsanspruch der übrigen. Führt eine Pflanze dazu, dass der Nachbar mehr Schatten hat, kann dieser jedoch nur dann den Rückschnitt der Pflanze verlangen, wenn dies die Beeinträchtigung beseitigt. Ein Baum, der im gemeinschaftlichen Eigentum steht, darf aber keinesfalls beseitigt werden (BayObLG, 5.6.1997, 2 Z BR 31/97, ZMR 1998, 40). So stellt das Fällen von Bäumen in einer Wohnungseigentumsanlage immer dann eine bauliche Veränderung dar, wenn die Bäume den Gesamteindruck der Anlage mitbestimmen. Der Rückschnitt einer Hecke kann deshalb unter die normale Gartenpflege fallen. Sie kann aber auch zu einer baulichen Veränderung führen, wenn zum Beispiel eine Hecke, die so hoch war, dass sie Sichtschutz zum Nachbarn bot, auf 80 Zentimeter Höhe gekürzt wird (BayObLG, 18.3.2004, 2 Z BR 249/03, DWE 2004, 87).

BEISPIEL: Wilder Wein, Partyzelte und Sonnenbäder

Der wilde Wein, den ein Mitglied der Eigentümergemeinschaft ohne Zustimmung der Miteigentümer gepflanzt hatte, störte diese. Als sie die Beseitigung des Fassadengrüns beschlossen, wehrte sich der Pflanzer. Das Düsseldorfer OLG entschied: Die Entfernung sei eine bauliche Veränderung, der Beschluss

hätte einstimmig gefasst werden müssen: Der Wein durfte weiter wachsen (OLG Düsseldorf, 17.12.2004, I-3 Wx 298/04, ZMR 2005, 304).
Das Aufstellen eines Partyzeltes im gemeinschaftlichen Garten ist allerdings zulässig, wenn dem nicht ein konkreter Beschluss oder eine Vereinbarung der Wohnungseigentümergemeinschaft entgegensteht.
Die Eigentümer dürfen den Garten auch zum Sonnenbaden benutzen, solange sie nicht zu freizügig dabei sind, denn ein FKK-Verbot ist durchaus zulässig.

7.5 Gartenzwerge

Während normale Grundstücksnachbarn Gartenzwerge als ortsüblich hinnehmen müssen, sieht es in Wohnungseigentumsanlagen anders aus. Im gemeinschaftlichen Vorgarten aufgestellte Gartenzwerge stellen eine nicht unerhebliche Beeinträchtigung des optischen Gesamteindrucks einer Wohnanlage dar, die auch Einfluss auf Kaufinteressenten haben kann. In einem Fall mussten sie daher auf die Klage eines Miteigentümers hin entfernt werden (OLG Hamburg, 20.4.1988, 2 W 7/87, NJW 1988, 2052).

Aus ästhetischen Gründen darf auch im Garten einer Wohnungseigentumsanlage kein Oldtimer aufgestellt werden.

7.6 Grill- und Küchengerüche

Zum Grillen in einer Eigentümerwohnanlage gilt Ähnliches wie bereits oben erörtert: Es kann gegen die Gebrauchsregelungen des Wohnungseigentumsgesetzes verstoßen, wenn bei starker Geruchs- und Rauchentwicklung durch einen Holzkohlengrill die Miteigentümer in Mitleidenschaft gezogen werden. Dazu kommt noch eine konkrete Brandgefahr. Soweit der einzelne Wohnungseigentümer einen Unterlassungsanspruch hat, kann sogar per Mehrheitsbeschluss ein Grillverbot auf dem Balkon ausgesprochen werden (LG Düsseldorf, 9.11.1990, 25 T 435/90, MDR 1991, 254).

Andere Gerichte wollten das Grillen in einer Wohnungseigentumsanlage dagegen nicht völlig verbieten: Den Grillfreunden wurde nur untersagt, auf ihrer Gartensondernutzungsfläche mit einem Holzkohlengrill öfter als fünfmal im Jahr und in einem Bereich, der weniger als etwa 25 Meter von der Wohnung der Grillgegnerin entfernt war, zu grillen (BayObLG, 18.3.1999, 2 Z BR 6/99, WuM 1999, 534).

TIPP: Es zählt der konkrete Fall

Ob und wie oft in der gemeinschaftlichen Gartenanlage gegrillt werden darf, hängt vom jeweiligen Einzelfall ab. Die Lage und Größe des Gartens spielen für die Bewertung ebenso eine Rolle wie die Häufigkeit des Grillens und die dazu verwendeten Geräte.

Küchengerüche

Im Verhältnis der Wohnungseigentümer untereinander gelten insoweit andere Regeln als im allgemeinen Nachbarrecht. In Wohnungseigentumsanlagen kann aus § 14 Nr. 1 WEG bei der Duldung von Küchengerüchen anderes gelten als in Mietshäusern und dergleichen. Wohnungseigentümer können etwa beschließen, dass diese Störung im Rahmen des Zumutbaren, etwa durch den Einbau einer luftumwälzenden Dunstabzugshaube reduziert werden muss.

7.7 Kinder

Auch in Wohnungseigentumsanlagen müssen die Mitbewohner den Lärm spielender Kinder hinnehmen, solange er nicht über das unvermeidbare Maß hinausgeht. Auch eine Hausordnung kann den ortsüblichen Lärm durch spielende Kinder nicht unterbinden. Was zu viel ist, ist aber zu viel: Lautes Kreischen und Brüllen, Türenschlagen, mit Hammerschlägen vergleichbares Trampeln auf dem Fußboden, Grölen im Treppenhaus und das Schlagen mit Stöcken gegen die Eisenstäbe des Geländers im Hausflur können verboten werden. Kinder dürfen in der Wohnung auch nicht Tennisspielen – ja, auch das ist bereits vorgekommen! Ein solches atypisches Verhalten fällt nicht unter die Duldungspflicht der Mitbewohner und berechtigt sie dazu, dagegen vorzugehen.

7.8 Gewerbliche Nutzung

Inwieweit eine Eigentumswohnung gewerblich genutzt werden darf, ergibt sich aus der Teilungserklärung oder aus dem Aufteilungsplan. Darin ist die Nutzung der Wohnung – entweder zu Wohnzwecken oder zu gewerblichen Zwecken – festgehalten. Allerdings kann auch in einer Wohnanlage eine zu Wohnzwecken vorgesehene Wohnung anders genutzt werden, wenn dadurch den anderen Wohnungseigentümern kein unvermeidlicher Nachteil entsteht. Mitunter ist dies an die Zustimmung des Verwalters der Wohnanlage gekoppelt. Ansonsten besteht ein Beseitigungsanspruch nach § 14 Abs. 1 WEG, § 1004 BGB. Eine Nutzung der Wohnung zur Prostitution ist aber generell unzulässig (BayOblG, 8.9.2004, 2 Z BR 137/04, ZMR 2005, 67). Nach Auffassung des LG Tübingen erwachsen durch einen Bordellbetrieb in einer Wohnungseigentumsanlage auf jeden Fall den übrigen Wohnungseigentümern Beeinträchtigungen in Form von Wertminderungen ihres Wohnungseigentums (LG Tübingen, 29.12.1999, 5 T 338/99, MDR 2000, 386). Die Nutzung einer Eigentumswohnung als Kinderarztpraxis ist ebenfalls nicht möglich, wenn täglich 75 bis 80 Personen die Praxis aufsuchen. Andererseits gibt es aber auch Gerichte, die die Nutzung einer Wohnung für eine psychotherapeutische Praxis, als Arzt- oder Zahnarztpraxis, als Architekturbüro, Steuerberaterpraxis oder Krankengymnastikpraxis für zulässig halten (OLG Hamm, 23.10.2003, 15 W 372/02, ZMR 2005, 219). Die übrigen Wohnungseigentümer brauchen es nur dann nicht hinzunehmen, wenn über die üblichen Arbeitszeiten hinaus fremde Personen in die Praxis kommen.

Auch entschieden die Gerichte, dass eine Eigentumswohnung nicht für eine Religionsausübung, die regelmäßig gruppenweise stattfindende Versammlungen mit sich bringt, genutzt werden darf.

7.9 Gemeinschaftliche Einrichtungen

Zum gemeinschaftlichen Eigentum einer Wohnanlage gehören die Zugänge, das Treppenhaus und der Hausflur. Dafür gelten die bereits erwähnten Grundsätze, die von Nachbarn einzuhalten sind, um Störungen zu vermeiden. Wohnungseigentümer sind aber gemäß § 14 Abs. 1 WEG verpflichtet, das gemeinschaftliche Eigentum nur soweit zu benutzen, wie dadurch keinem der anderen Wohnungseigentümer ein Nachteil entsteht, der über das bei einem geordneten Zusammenleben unvermeidliche Maß hinausgeht. Der Mitgebrauch darf deshalb nicht soweit ausgedehnt werden, dass es auf einen Alleingebrauch hinausläuft.

BEISPIEL: Keine Garderobe im Flur

Ein Miteigentümer hatte im Bereich des oberen Treppenabsatzes Garderobenelemente angebracht. Das Bayerische Oberste Landesgericht sah darin eine bestimmungswidrige Nutzung des Treppenhauses. Mit dieser Maßnahme hätte der Wohnungseigentümer die übrigen Wohnungseigentümer von dem ihnen grundsätzlich zustehenden Mitgebrauch des Gemeinschaftseigentums ausgeschlossen. Darauf, ob der Treppenabsatz im Obergeschoss von den übrigen Wohnungseigentümern tatsächlich genutzt werde, komme es nicht an, denn diese hätten nach § 16 Abs. 2 WEG die Kosten und Lasten dieses Gebäudeteils gemeinschaftlich mitzutragen (BayObLG, 19.2.1998, 2 Z BR 135/97, WuM 1998, 307). Einem behinderten Wohnungseigentümer kann es aber nicht untersagt werden, einen Krankenfahrstuhl im Treppenhaus zu installieren. Ein Mehrheitsbeschluss, der das zeitweise Abstellen eines Kinderwagens im Treppenhaus verbietet, ist zwar nicht zulässig, wird aber wirksam, wenn er nicht innerhalb Monatsfrist angefochten wird. Es müsse auf die Bedürfnisse einzelner Wohnungseigentümer wie beispielsweise kinderreiche Familien Rücksicht genommen werden, entschieden die Gerichte (OLG Hamm, 3.7.2001, 15 W 444/00, ZMR 2001, 1006). Auch dürfen schmutzige Schuhe zeitweilig vor der eigenen Wohnungstür stehen. Im Rahmen einer Hausordnung kann aber beschlossen werden, dass bestimmte Gegenstände nicht in gemeinschaftlichen Räumen aufgestellt werden dürfen.

7.9.1 Ordnen Sie Ihr Zusammenleben durch entsprechende Regelungen

Grundsätzlich kann die Wohnungseigentümerversammlung Gebrauchsregelungen beschließen, bei denen Gesichtspunkte der Verkehrssicherheit und Fluchtwege im Brandfall sowie optische Beeinträchtigungen zu berücksichtigen sind. Ihre Grenzen ergeben sich aus der Verkehrssitte nach Treu und Glauben und nach billigem Ermessen. Letztlich kommt es auf den Einzelfall an, auf eine Interessenabwägung der Beteiligten unter Berücksichtigung der örtlichen Gegebenheiten.

7.9.2 Dekorationen

Es ist jedoch nicht möglich, dass die Wohnungseigentümer per Beschluss zeitweise Dekorationen an der Wohnungstüre, etwa an Ostern oder Weihnachten, verbieten. Dies gilt auch für Advents- und Weihnachtsbeleuchtung in Fenstern und auf Balkonen. Im Gegenzug kann eine Bebilderung des Treppenhauses von den Wohnungseigentümern nur einvernehmlich durchgesetzt werden (LG Hamburg, 11.5.1989, 20 T 17/89, WuM 1989, 653).

7.9.3 Nutzung von Kellerräumen

Nutzt ein Miteigentümer seinen Keller zu Wohnzwecken, können die anderen Wohnungseigentümer dagegen protestieren. Die Bezeichnung als „Keller“ schließt die Nutzung zu Wohnzwecken aus. Auch ein als „Lagerraum" bezeichneter Keller kann nicht zum Betrieb eines Tanzstudios vermietet werden. Die Miteigentümergemeinschaft hat gegen diese unzulässige Nutzung einen Unterlassungsanspruch.

TIPP: Gemeinschaftseigentum ist für alle da

Jeder Wohnungseigentümer kann die im Gemeinschaftseigentum stehenden Nebenräume nach § 13 Abs. 2 WEG nutzen. Es ist jedoch möglich, dass dieses Mitgebrauchsrecht durch gesetzliche Regelungen, durch Vereinbarungen und durch Beschlüsse der Wohnungseigentümergemeinschaft eingeschränkt wird.

7.10 Der Balkon

7.10.1 Grillen

Auch die Nutzung des Balkons kann Streitigkeiten unter den Wohnungseigentümern verursachen. Wer zum Beispiel seinen Balkon zum Abstellen ausrangierter Gegenstände nutzt, kann sich Ärger einhandeln. Wer auf dem Balkon hämmert oder sägt, mag die Nachbarn ebenfalls so beeinträchtigen, dass sie sich dagegen zu wehren beginnen. Die meisten Gerichte halten auch das Grillen auf dem Balkon für unzulässig. Es kann insbesondere bei starker Rauch- und Geruchsentwicklung von den anderen Wohnungseigentümern verboten werden. Ein Mehrheitsbeschluss kann das Grillen auf dem Balkon sogar generell untersagen (LG Düsseldorf, 9.11.1990, 25 T 435/90, MDR 1991, 254).

7.10.2 Wäsche

Die Hausordnung sieht mitunter auch Regelungen vor, das Trocknen von Wäsche auf dem Balkon angehend sowie das Lüften von Betten und Bekleidung. Solche Regelungen können durch Mehrheitsbeschluss in der Wohnungseigentümerversammlung getroffen werden. Ein Wohnungseigentümer kann von seinen Miteigentümern verlangen, dass der ihn störende Anblick von auf dem Balkon zum Lüften und Trocknen regelmäßig aufgehängter Groß- oder Bettwäsche unterbleibt. Der Grund für diese Besonderheit liegt in der sogenannten Wohlverhaltensklausel, wonach ein Wohnungseigentümer auf die anderen Mitbewohner Rücksicht nehmen muss, was ihn erheblicher Beschränkungen unterwirft. Im Verhältnis der Wohnungseigentümer gelten insoweit andere Regeln als im allgemeinen Nachbarrecht.

7.10.3 Begrünung

Will ein Wohnungseigentümer seine Dachterrasse begrünen, kann darin eine bauliche Veränderung liegen, die die anderen Eigentümer ihm erst gestatten müssen.

Normale Bohrungen zum Anbringen der Blumenkästen auf dem Balkon sind genauso zulässig wie Bohr- und Dübellöcher in der Wohnung selbst. Manche Teilungserklärungen in Wohnanlagen sehen allerdings vor, dass Balkone und Dachterrassen einheitlich zu gestalten sind. Wohnungseigentümer können deshalb beschließen, dass keine Blumenkästen angebracht werden dürfen. Auch Art und Umfang der Bepflanzung können im Rahmen ordnungsmäßiger Verwaltung mehrheitlich geregelt werden.

7.11 Hausmusik

Auch in der Wohnungseigentumsanlage darf natürlich Musik gemacht und gehört werden. Im Prinzip gelten die gleichen Regeln wie bereits oben beschrieben. Ein völliger Ausschluss jeglicher Hausmusik ist unzulässig, entschied der BGH (BGH, 10.9.1998, V ZB 11/98, NJW 1998, 3713). Die Musikausübung kann aber in der Hausordnung zeitlich auf täglich zwei bis drei Stunden beschränkt werden. Sonderrechte bestehen — anders als im Mietrecht — für Musikstudenten und Berufsmusiker nicht. Bei der Interessenabwägung sind die baulichen Gegebenheiten und die Art der Instrumente in die Waagschale zu werfen. Ein Mehrheitsbeschluss, dass ein Klavier nur mit einem sogenannten Moderator zu spielen ist, ist nichtig (OLG Frankfurt, 29.8.1984, 20 W 190/84, DWW 1985, 26).

TIPP: Festgelegte Ruhezeiten regeln das Musizieren

Durch Mehrheitsbeschluss kann eine Ruhezeit von 20 bis 8 Uhr und von 12 bis 14 Uhr festgelegt werden. Unabhängig von diesen vereinbarten Ruhezeiten sind aber allgemein übliche Geräusche zu tolerieren, die als sozialadäquater Ausdruck des Zusammenlebens gelten, wozu etwa in normaler Lautstärke geführte Unterhaltungen mit Gästen zählen.

7.12 Trittschall

Die Gemeinschaftsordnung kann auch vorsehen, dass die Wohnungseigentümer Maßnahmen ergreifen müssen, die über die gesetzlichen oder sich aus den DIN-Normen ergebenden Standards zur Lärmvermeidung hinausgehen. Zum Schutz vor Trittschall beispielsweise kann ein Eigentümer zu solchen Maßnahmen gezwungen werden.

BEISPIEL: Ein Streit über den Trittschall

Der neue Eigentümer der Wohnung im achten Stock einer Wohnanlage hatte in der Küche die Kokosfaserunterlage mit Linoleumbelag durch Fliesen ersetzt, in den Wohn- und Schlafräumen und im Flur einen Laminatboden verlegt. Der darunter wohnende Nachbar fühlte sich durch Trittschall belästigt und forderte den Rückbau der harten Bodenbeläge und einen Ersatz durch einen weichfedernden Belag. Gerichte entschieden immerhin: Die Miteigentümer können bei nicht nur ganz unwesentlich verschlechterten Trittschallbedingungen verlangen, dass der Wohnungseigentümer eine Trittschall-Dämmschicht auf der Rohdecke anbringt (OLG München, 9.5.2005, 32 Wx 30/05, NZM 2005, 509).

Zwar steht der Bodenbelag im Wohnungseigentumsrecht gemäß § 5 Abs. 1 WEG im Sondereigentum jedes einzelnen Wohnungseigentümers. Deshalb kann er auch nach seinen geschmacklichen Vorstellungen den Bodenbelag jederzeit ändern. Allerdings muss er dann für eine entsprechend angepasste Isolation gegen Trittschall sorgen. Als Vorgabe dazu dienen das in der konkreten Anlage vorhandene bauliche Niveau und der in der Gemeinschaftsordnung vorgegebene Standard.

7.13 Tierhaltung

Die Wohnungseigentümer können in der Hausordnung mehrheitlich Regelungen zur Beschränkung der Tierhaltung in der Anlage treffen. Die Tierhaltung völlig ausschließen können sie allerdings nur im Rahmen einer Vereinbarung nach § 10 Abs. 2 WEG. Ein Haustierhaltungsverbot in der Hausordnung ist nämlich grundsätzlich nicht wirksam, weil es als unverhältnismäßig angesehen wird, da es auch Tiere wie Zierfische, Kanarienvögel oder Schildkröten umfasst, von denen keinerlei Beeinträchtigungen wie Lärm oder Gerüche oder Gefährdungen für andere Eigentümer ausgehen (OLG Saarbrücken, 2.11.2006, 5 W 154/06-51, WuM 2007, 85). Haben Sie allerdings in der Versammlung einen Beschluss gefasst, dass Hunde in der Anlage generell verboten sind, wird dieser Beschluss wirksam, wenn er nicht innerhalb Monatsfrist angefochten wird.

Erkundigen Sie sich vor dem Kauf über die Regelungen zur Tierhaltung

Wenn Sie eine Eigentumswohnung kaufen wollen und Hundeliebhaber sind, sollten Sie die Eigentümerbeschlüsse kontrollieren, bevor Sie sich zum Kauf entschließen. Gilt ein absolutes Hundehaltungsverbot, sollten Sie sich besser nach einem anderen Ort zum Leben umsehen, denn dann werden Sie Ihren geliebten Vierbeiner in dieser Wohnanlage nicht halten dürfen.

Ein solches absolutes Hundehaltungsverbot ist nämlich nur dann unwirksam, wenn es gegen Treu und Glauben verstößt, was etwa der Fall ist, wenn ein Wohnungseigentümer einen Blindenhund benötigt, um seinen Alltag bewältigen zu können (OLG Hamm, 24.2.2005, 15 W 507/04, ZMR 2005, 897). Eine von den Wohnungseigentümern mehrheitlich beschlossene Beschränkung der Tierhaltung — zum Beispiel auf einen Hund oder drei Katzen pro Wohnung — gilt nicht als eine das Sondereigentum unangemessen benachteiligende Gebrauchsregelung (KG Berlin, 8.4.1998, 24 W 1012/97, NZM 1998, 670). Eine beschränkende Regelung bezüglich der Haustierhaltung entspreche den Grundsätzen ordnungsgemäßer Verwaltung.

Die Wohnungseigentümer können per Mehrheitsbeschluss auch Auflagen für Tierbesitzer verhängen wie beispielsweise den Leinenzwang bei Hunden, oder ein Verbot bestimmter Hunderassen, allen voran von Kampfhunden. Jeder Wohnungseigentümer kann auch ohne Beschluss der Gemeinschaft den Kampfhundbesitzer auf Unterlassung in Anspruch nehmen (KG Berlin, 22.7.2002, 24 W 65/02, NZM 2002, 868).

▶ **BEISPIEL: Auslauf von Hunden und Katzen**

Allerdings entschied das OLG Hamburg, dass Hunde in den Garten einer Wohnanlage dürfen. Zwar hatten die Wohnungseigentümer mehrheitlich beschlossen, dass die 2.400 Quadratmeter große Gartenfläche nicht mit Hunden betreten werden dürfe. Doch dieser Beschluss hielt nicht: Jeder Wohnungseigentümer kann den Gebrauch des gemeinschaftlichen Eigentums verlangen, entschieden die Richter. Eine uneingeschränkte Untersagung der Nutzung der Gartenfläche durch Hunde berücksichtige nicht hinreichend das Interesse des tierhaltenden Wohnungseigentümers an der Mitbenutzung des Gartens. Allerdings könne dem Tierhalter aufgegeben werden, seine Hunde anzuleinen, eine

Nutzung des Gartens als Hundetoilette untersagt und er verpflichtet werden, Hundekot selbst zu beseitigen (OLG Hamburg, 20.8.2007, 2 Wx 72/07, ZMR 2008, 151).
Stört ein Hund dauerhaft mit seinem Gebell, insbesondere nachts, kann im Einzelfall die Haltung dieses Hundes, nicht aber generell die Hundehaltung, untersagt werden.
Die Mieter von Eigentumswohnungen sind an ein in der Teilungserklärung enthaltenes Tierhaltungsverbot nur dann gebunden, wenn auch der Mietvertrag eine ausdrückliche entsprechende Regelung enthält (siehe oben). Treten allerdings im Einzelfall Belästigungen durch die Tierhaltung auf, können genervte Nachbarn auch direkt gegen den Mieter Unterlassungsansprüche geltend machen.
Nicht nur Hunde, auch Katzen können in Wohnungseigentumsanlagen Ärger verursachen. So müssen Katzenhalter dafür sorgen, dass diese nicht in Wohnungen anderer Wohnungseigentümer eindringen. In einem konkreten Fall entdeckte die Mutter eines Babys die Katze des Nachbarn im Kinderzimmer. Die Katzen hinterließen zudem auf der Dachterrasse der Nachbarin Kot und Erbrochenes in den Blumentöpfen. Es sei nicht hinnehmbar, dass Katzen in fremde Wohnräume hineinspazierten und diese verschmutzten, befand das LG Bonn. Das Gericht sah außerdem gesundheitliche Gefahren für das Kind (LG Bonn, 6.10.2009, 8 S 142/09, NZM 2010, 515).

7.14 Satellitenschüsseln

Ist das Anbringen einer Parabolantenne in einer Wohnanlage eine bauliche Veränderung oder verändert sie den Gesamteindruck der Wohnungseigentumsanlage, benötigen Sie die Zustimmung aller anderen Wohnungseigentümer. Es gelten hierbei die zum Mietrecht entwickelten Grundsätze.

Wohnungseigentümer können nicht eigenmächtig eine Satellitenschüssel auf ihrem Balkon aufstellen, wenn es keinen diesbezüglichen Beschluss der Wohnungseigentümer gibt. Dies gilt vor allem dann, wenn die Parabolantenne deutlich über die Balkonbrüstung hinausragt und zu einer nicht unerheblichen optischen Beeinträchtigung der gesamten Wohnanlage führt (LG München I, 14.3.2008, 1 T 11576/07, NZM 2008, 851).

TIPP: Beachtenswertes beim Anbringen einer Parabolantenne

Gibt es mehrere mögliche Standorte für eine Parabolantenne, steht bei der Auswahl des endgültigen Platzes den übrigen Wohnungseigentümern ein Mitbestimmungsrecht zu.

Darüber hinaus kann das Informationsinteresse und das Interesse an der Ausübung der Religion eines Miteigentümers dazu führen, dass die übrigen Wohnungseigentümer es dulden müssen, dass auf dem Dach der Anlage eine Parabolantenne angebracht wird (BVerfG, 19.3.1993, 1 BvR 1192/92, NJW 1993, 1252). Grundsätzlich wird das ästhetische Interesse der übrigen Wohnungseigentümer und das Informationsinteresse der ausländischen Eigentümer gegeneinander abgewogen (BGH, 13.11.2009, V ZR 10/09, WE 2010, 15). Allerdings können die Wohnungseigentümer ihre Genehmigung davon abhängig machen, dass die Parabolantenne baurechtlich und denkmalschutzrechtlich zulässig ist, dass sie an einem von ihnen bestimmten, unauffälligen, aber technisch geeigneten Ort installiert wird, dass die Installation durch einen Fachmann erfolgt und dass der begünstigte Wohnungseigentümer den Abschluss einer Haftpflichtversicherung nachweist sowie Sicherheit für die Kosten des Rückbaus erbringt (OLG München, 6.11.2007, 32 Wx 146/07, NZM 2008, 91).

7.15 Videoüberwachung

In Wohnungseigentumsanlagen ist eine offene Überwachung bei Einhaltung der gesetzlichen Vorschriften im Grundsatz immer zulässig, wenn es dafür einen einstimmigen Beschluss der Wohnungseigentümer gibt. Dieser ist notwendig, weil die Einrichtung als bauliche Veränderung gilt.

TIPP: Beachten Sie die gesetzlichen Vorschriften

Allerdings sollten auch klare Regelungen darüber getroffen werden, wer Zugang zu den Daten hat, ob und wie sie gespeichert beziehungsweise gelöscht werden. Das wird meistens bei der Beschlussfassung vergessen und kann dann zur Unwirksamkeit führen.

Zulässig sind nur Anlagen, die allgemeine Verkehrsflächen, Tiefgarageneinfahrten oder den Eingangsbereich überwachen, also den öffentlich zugänglichen Raum. Dort muss ein Schild auf die Überwachung erkennbar hinweisen. Für die Überwachung der eigenen Eingangstüre gilt: Ein Videoauge an der Haustüre ist zulässig, wenn es wirklich nur den ganz engen Türbereich überwacht und nicht zum Beispiel Flure, Nachbar- und Aufzugstüren.

Eine nicht erkennbare Videoüberwachung ist nur zulässig zur Verhinderung von erneuten Straftaten oder zur Aufklärung von wiederholten Sachbeschädigungen. Nur dann erlauben die Gerichte die Überwachung und die Verwertung der Ergebnisse. Eine rein vorbeugende verdeckte Überwachung – es könnte ja etwas passieren – ist verboten. Der im August 2004 ins Gesetz neu aufgenommene § 201a StGB zielt zwar auf den Schutz Prominenter durch unerlaubte Videoaufnahmen ab, betrifft aber auch Aufnahmen im Wohnumfeld. Wohnungseigentümer sollten deshalb immer offen auf die Videoüberwachung hinweisen und vorsichtig bei heimlichen Aufnahmen sein.
Die Installation einer Videoüberwachungsanlage im Eingangsbereich einer Wohnungseigentumsanlage durch Kleinstkameras im Klingeltableau und die Übertragung in ein hausinternes Kabelnetz ohne technische Beschränkung verstößt gegen die Grundsätze ordnungsmäßiger Verwaltung. Die überwachten Wohnungseigentümer werden in ihrem verfassungsrechtlich und zivilrechtlich geschützten allgemeinen Persönlichkeitsrecht beeinträchtigt (OLG Düsseldorf, 5.1.2007, I-3 Wx 199/06, WuM 2007, 83).

8 Ansprüche und Rechte bei Störungen

8.1 Ansprüche des Mieters

Wird der Mitmieter von seinen Nachbarn im Haus beeinträchtigt, kann er sich mit Unterlassungs-, Besitzstörungs- und Schadensersatzansprüchen gegen den Störer wehren.

Gegenüber dem Vermieter kann der Mieter verlangen, dass der Vermieter die Wohnung in einem vertragsgemäßen Zustand erhält. Außerdem kann der Mieter die Miete mindern. Im Extremfall kann er die Wohnung sogar fristlos kündigen.

Das LG Essen hat aber klar entschieden, dass er keinen Anspruch gegenüber seinem Vermieter darauf hat, dass dieser auf Nachbarn, die einige Häuser entfernt wohnen, einwirkt, damit diese ihn nicht mehr beschimpfen, vor ihm ausspucken oder ihn mit einem Kantholz bedrohen (LG Essen, 17.4.1997, 10 S 646/96, WuM 1998, 278).

Mietminderung im Nachbarstreit	
50 %	Belästigungen durch Lärm und Musik in einer Gaststätte bis in die frühen Morgenstunden (AG Schöneberg, 17.3.1994, 2 C 6/94, MM 1995, 28)
30 %	Baustellenlärm auch nachts (AG Berlin-Mitte, 11.1.2007, 7 C 147/06, MM 2007, 183)
35 %	erhebliche Belästigungen durch eine nahe Großbaustelle (LG Hamburg, 5.7.2001, 333 S 13/01, WuM 2001, 444)
20 %	tnächtlicher Lärm durch ein Garagentor (AG Mainz, 13.11.2002, 81 C 230/01, WuM 2003, 87)
20 %	Essens- und Nikotingerüche aus der Nachbarwohnung (LG Stuttgart, 27.5.1998, 5 S 421/97, WuM 1998, 724)
20 %	Störung der Nachtruhe des Mieters durch häufiges Feiern der anderen Mieter insbesondere am Wochenende (AG Lünen, 16.12.1987, 14 C 182/86, WuM 1988, 348)
10 %	vermeidbarer Kinderlärm innerhalb der allgemeinen Ruhezeiten (AG Neuss, 1.7.1988, 36 C 232/88, WuM 1988,264)
10 %	Bordell im Haus (LG Berlin, 19. 9. 1996, 62 S 34/96, MM 1996, 449)

Mietminderung im Nachbarstreit	
10 %	Lärm durch Aufzugsgeräusche (AG Wiesbaden, 19.1.2006, 93 C 2004/05, WuM 2006, 219)
10 %	nächtliche Klopf- und Knackgeräusche an der Heizungsanlage (LG Hannover, 15.4.1994, 9 S 211/93, WuM 1994,463)
10 %	Lärmbelästigung durch Einwerfen von Flaschen in Sammelcontainer (AG Rudolstadt, 20.5.1999, 1 C 914/98, WuM 2000, 19)
5 %	nächtliche Lärmbelästigung durch überlaut geführte Streitgespräche der Nachbarn (AG Bergisch-Gladbach, 24.7.2001, 64 C 125/00, WuM 2003, 29)

Übersicht über Mietminderungsquoten

8.2 Ansprüche der Wohnungseigentümergemeinschaft

Stört ein Mieter in der Wohnungseigentumsanlage, kann die Wohnungseigentümergemeinschaft Unterlassungs- und Beseitigungsansprüche nach §§ 862, 1004 BGB unmittelbar gegen den Mieter richten. Sie kann dann auch Schadensersatz verlangen, zum Beispiel wenn der Mieter bei seinem Auszug den Hausflur oder das Treppenhaus beschädigt hat. Zur Geltendmachung ihrer Rechte haben die Wohnungseigentümer aber nur sechs Monate Zeit.

Einzelne Wohnungseigentümer haben einen Abwehr- und Beseitigungsanspruch, sobald eine nicht ganz geringfügige, konkret spürbare und objektiv feststellbare Beeinträchtigung vorliegt. Der einzelne Wohnungseigentümer kann grundsätzlich alle nachbarrechtlichen Ansprüche ohne Rücksicht auf die Wohnungseigentümergemeinschaft, den Verwalter oder vorherige Beschlüsse der Wohnungseigentümerversammlung allein geltend machen.

Aus dem gemeinschaftlichen Eigentum fließende Nachbarrechte können aber nur ausnahmsweise von einem einzelnen Sondereigentümer wahrgenommen werden. Jeder Wohnungseigentümer kann lediglich von seinem Miteigentümer verlangen, dass dieser seine Wohnung in einer Art und Weise gebraucht, durch die ihm kein Nachteil entsteht.

Die Wohnungseigentümergemeinschaft kann allerdings nicht nur gegen den störenden Mieter vorgehen, sondern auch den einzelnen vermietenden Wohnungseigentümer in Anspruch nehmen. Der vermietende Wohnungseigentümer wird so selbst zum Störer. Denn macht sein Mieter vom vermieteten Sonder- und Gemeinschaftseigentum vertragswidrig Gebrauch und beeinträchtigt dadurch die Rechte der anderen Wohnungseigentümer, muss der Vermieter seinen Mieter zur Unterlassung dieses Verhaltens auffordern und notfalls das Mietverhältnis so schnell wie möglich beenden (OLG Düsseldorf, 7.4.1995, 3 Wx 472/94, NJW-RR 1995, 1165). Es ist darüber hinaus sogar möglich, vom Vermieter Schadenersatz einzufordern.

8.3 Ansprüche des Vermieters gegen einen Störenfried

Je nachdem,wie schwer der Mieter den Mietvertrag verletzt hat, stehen dem Vermieter verschiedene Möglichkeiten zur Verfügung, dagegen vorzugehen. Er kann zunächst den Mieter abmahnen und ihn auffordern, das vertragswidrige Verhalten einzustellen. Hält sich dieser nicht an die Warnung und setzt sein störendes Verhalten fort, können Sie auf Unterlassung klagen (§ 541 BGB).

Außerdem können Sie eine ordentliche Kündigung des Mietverhältnisses wegen Verletzung der vertraglichen Pflichten durch den Mieter aussprechen. Auch eine fristlose Kündigung nach vorheriger Abmahnung ist zulässig (§ 543 Abs. 2 Nr. 2, Abs. 3 BGB).

Entsteht dem Vermieter durch den vertragswidrigen Gebrauch der Mieträume ein Schaden, hat er einen Schadensersatzanspruch gegen den Mieter.

Für andere Personen, die die Wohnung mit Zustimmung des Mieters nutzen, zum Beispiel ein Untermieter, muss der Mieter gegenüber dem Vermieter einstehen und haftet, wenn dieser gegen die im Mietvertrag getroffenen Regelungen verstößt.

8.4 Rechte des Nachbarn

Immissionen seitens des Grundstücksnachbarn können von den beeinträchtigten Nachbarn nach §§ 1004, 906 BGB abgewehrt werden. Abwehr- oder Ausgleichsansprüche kommen aber nur dann infrage, wenn von einer wesentlichen Beeinträchtigung des Nachbarn auszugehen und diese nicht ortsüblich ist.

Für Schäden aufgrund von Immissionen seitens des Nachbarn, zum Beispiel herüberwachsende Wurzeln eines Nachbarbaums oder Bauarbeiten, kann dem beeinträchtigten Nachbarn ein Schadensersatzanspruch nach § 823 BGB zustehen.

Verkehrssicherungspflichten

Nachbarn treffen sogenannte Verkehrssicherungspflichten, um sich gegen eventuelle Schäden von vornherein abzusichern. Dies gilt auch gegenüber Kindern, die ohne das Wissen des Grundstückseigentümers das Grundstück betreten.

BEISPIEL: Wenn Nachlässigkeit zu einem Unfall führt

Ein Reihenhausbesitzer wurde zum Schadensersatz verurteilt, weil er auf seiner Terrasse den Grill und eine Brennspiritusflasche zurückgelassen hatte. Als die Kinder aus der Nachbarschaft mit einem mitgebrachten Feuerzeug ein Feuer anzündeten, erlitt ein Kind durch die Stichflamme erhebliche Verletzungen. Das Gericht verurteilte den Nachbarn, weil er nicht ausreichend dafür Sorge getragen habe, dass Kinder aus der Nachbarschaft nicht unbefugt auf sein Grundstück gelangen konnten (OLG Hamm, 25.4.1996, 6 U 142/95, NJWE-VHR 1996, 196).

9 Das Schlichtungsverfahren

Gerade bei Nachbarschaftsstreitigkeiten bietet sich eine Mediation an. Es handelt sich um ein vorgerichtliches Verfahren, das kosten-, zeit- und nervenschonend zu einer Einigung zwischen den Nachbarn führen kann.

Die meisten Bundesländer sehen mittlerweile sogar ein Schlichtungsverfahren obligatorisch vor Anrufung des Gerichts vor. Nach dem Bayerischen Schlichtungsgesetz zum Beispiel, das bis zum 31. Dezember 2011 verlängert wurde, muss ein Schlichtungsverfahren durchgeführt werden, wenn die Parteien ihren Wohnsitz beziehungsweise ihre Niederlassung in demselben Landgerichtsbezirk haben. Nach Schätzungen von Haus und Grund Deutschland ziehen allerdings 50 bis 75 Prozent der Nachbarn vom Schlichter weiter vor Gericht.

TIPP: Freiwillige Schlichtung

Eine Güte- oder sonstige Schlichtungsstelle können Sie auch jederzeit freiwillig anrufen. Wer in Bayern ein Schlichtungsverfahren vor einer anerkannten Gütestelle durchführen möchte, stellt dort einen Antrag. Der Antrag muss die Parteien mit Namen und Anschrift, eine kurze Darstellung der Streitsache sowie die Angabe, was Sie erreichen möchten, enthalten. Die zuständigen Schiedsstellen sind über die Gemeinde- oder Stadtverwaltung oder über das zuständige Amtsgericht zu erfahren.
Alternative Streitlösungen bieten den Vorteil, dass es keine Gewinner und Verlierer gibt. Betroffene erörtern den Streit und suchen eine Lösung im Dreieck mit dem Schlichter. Es besteht die Chance, dass tatsächlich Frieden unter den Nachbarn einkehrt. Eine emotionsgeladene Auseinandersetzung vor Gericht bewirkt da zumeist das Gegenteil. In diesem Zusammenhang spielen Schiedsmänner und Schiedsfrauen eine große Rolle. Eine Einigung im Schiedsverfahren ist 30 Jahre gültig und wie ein Gerichtsurteil vollstreckbar.

9.1 Wie man einen Streit vermeidet

Besser ist es natürlich, wenn es erst gar nicht zum Streit kommt. Dafür sollten Sie das Verhältnis zum Nachbarn bewusst pflegen. Achten Sie darauf, dass Sie nicht unhöflich zu ihm sind, ihn nicht unnötig verärgern und die zwischenmenschlichen Beziehungen intakt bleiben. Nehmen Sie an Straßenfesten teil, um den Kontakt aufrecht zu erhalten. Laden Sie Ihre Nachbarn ruhig einmal auf ein Bier oder zu einer Tasse Kaffee ein. Falls es doch einmal zu einer Kontroverse kommt, besprechen Sie das Problem in aller Ruhe mit dem Nachbarn. Können Sie sich alleine nicht einigen, holen Sie gemeinschaftlich fachkundigen Rat ein. Warten Sie nicht zu, bis der Streit eskaliert, sondern suchen Sie sich lieber schnell einen neutralen Schlichter. Der Mediator, also der neutrale Dritte, bringt die Nachbarn an einen Tisch, findet gemeinsam mit ihnen eine Lösung für den Konflikt und entwickelt für beide akzeptable Regeln.

9.2 Wer ist Schlichter?

Als Schlichter sind in Bayern, Baden-Württemberg, Bremen und Hamburg Rechtsanwälte vorgesehen, die bei den örtlichen Rechtsanwaltskammern in Listen eingetragen sind. In anderen Bundesländern sind die von Schiedsfrauen und Schiedsmännern geführten Schiedsämter oder Schiedsstellen zuständig (www.schiedsamt.de). Das Schlichtungsverfahren kostet circa 50 Euro (Schlichtungen durch Rechtsanwälte sind teurer). Daneben gibt es auch freiberufliche Mediatoren, die zwischen 150 und 275 Euro pro Stunde verlangen. Rechtsschutzversicherungen bieten teilweise ebenfalls ihren Kunden eine Mediation an. Lässt man sich auf ein Schlichtungsverfahren ein, kann man erst, wenn das Schlichtungsverfahren gescheitert ist, eine Klage vor Gericht einreichen.

Juristische Unterstützung finden Nachbarn auch bei einem der örtlichen Haus -und Grundbesitzervereine. Bundesweit gibt es über 900 Ortsvereine, die rechtliche Beratung anbieten (z. B. www.hausundgrund.de). Auch im Verband Deutscher Grundstücksnutzer (VDGN) kann man sich gegen einen Mitgliedsbeitrag von 56,40 Euro beraten und notfalls gerichtlich vertreten lassen (www.vdgn.de).

TIPP: Bleiben Sie kompromissbereit

Wer die Initiative für eine Schlichtung ergreift, sollte sich Kompromisse überlegen und auch wirklich bereit sein, diese einzuhalten. Bedenken Sie immer dabei, welche Vorteile eine gütliche Einigung für Sie hat und welche Konsequenzen andererseits ein Gerichtsprozess mit sich bringt.

9.3 Die Durchführung des Verfahrens

Sobald der Vorschuss einbezahlt ist, bestimmt der Schlichter einen Schlichtungstermin. Zum Schlichtungsverfahren können Sie einen Rechtsanwalt oder einen anderen Beistand mitbringen. Die Vertretung durch einen Rechtsanwalt ist aber nicht notwendig. Sie können Ihre Interessen auch selbst wahrnehmen.

Die Schlichtung unterscheidet sich dadurch von einem Gerichtsverfahren, dass es keine aufwendige Beweisaufnahme gibt. Trotzdem steht Ihnen das Recht zu, auf ihre Kosten Zeugen und Sachverständige beizubringen.

Ziel des Schlichtungsverfahrens ist die gütliche Einigung beider Seiten. Das erfolgreiche Schlichtungsgespräch endet mit einem Vergleich, der protokolliert wird. Um diesen wirksam werden zu lassen, müssen sowohl beide Parteien als auch der Schlichter die Vereinbarung unterschreiben.

Erscheint der Nachbar nicht zum Termin oder scheitert eine gütliche Einigung, bekommen Sie eine schriftliche Bescheinigung, mit der Sie Klage erheben können.

Bewahren Sie Ruhe!

Es lohnt sich, Streit unter Nachbarn zu vermeiden, denn Ihrem Nachbarn können Sie nicht dauerhaft aus dem Weg gehen. Drücken Sie schon im Vorfeld mal das eine oder andere Auge zu und machen Sie es auch Ihrem Nachbarn leicht, tolerant zu sein. Kommt es doch zu einer Auseinandersetzung, schalten Sie Vermieter und Hausverwaltung oder andere Instanzen als Vermittler ein. Sollte ein Nachbar Sie dennoch verklagen, behalten Sie die Ruhe, informieren sich über die Rechtslage und verteidigen Sie sich sinnvoll. So können Sie sich zumindest nicht vorwerfen lassen, nicht alles versucht zu haben.

▶ **BEISPIEL: Wie man einen Streit schlichten kann**

Auf einem Grundstück befinden sich zwei Kiefern. Die Zweige ragen mehr als zwei Meter auf das Nachbargrundstück. Zudem regnet es Kiefernnadeln und -zapfen, die die Dachrinnen des Nachbarn verstopfen. Dieser versucht, sich gütlich mit dem Eigentümer der Bäume zu einigen – er möchte, dass dieser die Zweige zurückschneidet.

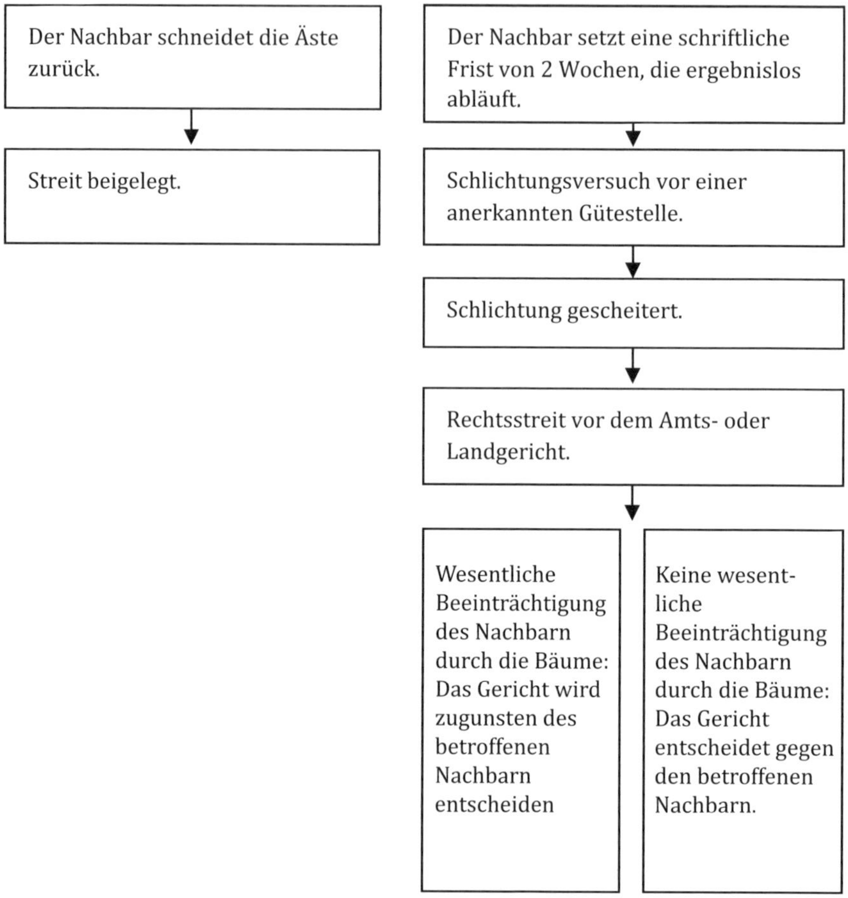

Abb. 1: Zurückschneiden von über die Grundstücksgrenze ragenden Zweigen

10 Konfliktvermeidung durch Nachbarschaftspflege

Wer nicht nur in Frieden mit seinen Nachbarn leben will, sondern darüber hinaus auch noch Interesse an einer lebendigen Nachbarschaft hat, kann einen Verein für eine aktive Nachbarschaft gründen.

Die dort zusammengeschlossenen Nachbarn helfen sich gegenseitig, etwa beim Verfassen von Behördenbriefen, Einkaufs- und Botengängen, zum Babysitten und Gießen der Blumen. Darüber hinaus planen Nachbarn gemeinsame Freizeitaktivitäten, vom Kegeln bis zum Bergwandern, das Ausrichten von Festen oder speziellen Veranstaltungen für Senioren. Der Verein kann auch kostenlose Informationsveranstaltungen organisieren, zum Beispiel über Brandschutz, Sicherheit, Geld- und Finanzverkehr, Heiz- und Betriebskosten. Er wird entweder aus Spenden finanziert oder durch die Einnahmen auf Flohmärkten und von Benefizveranstaltungen. Daraus können wiederum Projekte wie Nachhilfe oder Mittagsbetreuung bestritten werden – die Vorteile eines solchen Vereins sind also mannigfaltig und liegen auf der Hand.

TIPP: Werden Sie selbst aktiv!

Wer etwas für die Nachbarschaft tun will, sucht Gleichgesinnte und einen geeigneten Ort, um sich zu treffen. Das kann der Gemeindesaal sein oder ein Raum in der nahegelegenen Schule. Manchmal stellt auch die Wohnungsbaugesellschaft eine Wohnung zur Verfügung, oder Sie mieten einen leer stehenden Laden.

Nachbarn, die sich zusammenschließen, sollten sich Gedanken machen über eine geeignete Rechtsform. Denn wer sich organisiert, kann gegenüber Dienstleistern und Ämtern verbindlicher auftreten und besitzt eine höhere Glaubwürdigkeit. Wenn Nachbarn langfristig ein gemeinsames Ziel verfolgen und sich gegenseitig unterstützen wollen, sollten sie einen Verein gründen, wozu mindestens sieben Mitglieder nötig sind. Die Ziele werden in einer Satzung festgehalten und der Verein beim Amtsgericht eingetragen. Und schon kann es losgehen!

Beantragen Sie Fördermittel

Lassen Sie sich nicht durch eventuelle Kosten abschrecken, die die Vereinsarbeit eventuell nach sich ziehen könnte. Gemeinnützige Vereine profitieren nämlich nicht nur von Steuervorteilen, sondern nutzen auch Fördergelder, zumindest dann, wenn sie im Bereich der Jugend-, Sozial- und Kulturarbeit tätig sind. Auskünfte hierzu erteilen die örtlichen Gemeinden oder der Verband für sozialkulturelle Arbeit (www.vska.de oder www.stadtteilzentren.de).

Abkürzungsverzeichnis

AG	Amtsgericht
AgrarR	Agrarrecht (Zeitschrift)
AGBGB	Gesetz zur Ausführung des Bürgerlichen Gesetzbuchs
BauR	Baurecht (Zeitschrift)
BayObLG	Bayerisches Oberstes Landesgericht
BGB	Bürgerliches Gesetzbuch
BGBl	Bundesgesetzblatt
BGH	Bundesgerichtshof
BayVGH	Bayerischer Verwaltungsgerichtshof
BayVBl	Bayerische Verwaltungsblätter
BVerfG	Bundesverfassungsgericht
BVerwG	Bundesverwaltungsgericht
DWE	Der Wohnungseigentümer (Zeitschrift)
DWW	Deutsche Wohnungswirtschaft (Zeitschrift)
EGBGB	Einführungsgesetz zum Bürgerlichen Gesetzbuch
GE	Das Grundeigentum (Zeitschrift)
Justiz	Die Justiz (Zeitschrift)
KG	Kammergericht
LG	Landgericht
MDR	Monatsschrift für Deutsches Recht
MM	Mietermagazin
NJW	Neue Juristische Wochenzeitschrift
NJW-RR	NJW-Rechtsprechungsreport Zivilrecht (Zeitschrift)
NJWE-VHR	NJW-Entscheidungsdienst Versicherungs- und Haftungsrecht (Zeitschrift)
NJWE-MietR	NJW-Entscheidungsdienst Mietrecht (Zeitschrift)
NuR	Natur und Recht (Zeitschrift)
NVwZ	Neue Zeitschrift für Verwaltungsrecht

NZM	Neue Zeitschrift für Miet- und Wohnungseigentumsrecht
OLG	Oberlandesgericht
OLGZ	Entscheidungen der Oberlandesgerichte in Zivilsachen
OLGR	OLG-Report
RdL	Recht der Landwirtschaft (Zeitschrift)
RE	Rechtsentscheid
Rpfl	Der Deutsche Rechtspfleger (Zeitschrift)
RuS	Recht und Schaden (Zeitschrift)
StGB	Strafgesetzbuch
VersR	Versicherungsrecht (Zeitschrift)
VerwVerfG	Verwaltungsverfahrensgesetz
VerwGH	Verwaltungsgerichtshof
VRR	Arbeitszeitschrift für das gesamte Straßenverkehrsrecht
WE	Wohnungseigentum (Zeitschrift)
WEG	Wohnungseigentumsgesetz
WuM	Wohnungswirtschaft und Mietrecht (Zeitschrift)
WM	Wertpapiermitteilungen (Zeitschrift)
ZfIR	Zeitschrift für Immobilienrecht
ZMR	Zeitschrift für Miet- und Raumrecht
ZWE	Zeitschrift für Wohnungseigentumsrecht

Stichwortverzeichnis